"十三五"国家重点图书出版规划

— 大学之道 —

The Postmodern University?
Contested Visions of Higher Education in Society

后现代大学来临？

[英] 安东尼·史密斯　弗兰克·韦伯斯特　主编
侯定凯　赵叶珠　译

北京大学出版社
PEKING UNIVERSITY PRESS

著作权合同登记号 图字：01-2013-9084
图书在版编目(CIP)数据

后现代大学来临？/（英）安东尼·史密斯，（英）弗兰克·韦伯斯特主编；侯定凯，赵叶珠译. —北京：北京大学出版社，2018.8
（大学之道）
ISBN 978-7-301-29669-1

Ⅰ.后… Ⅱ.①安…②弗…③侯…④赵… Ⅲ.①高等教育—研究 Ⅳ.①G64

中国版本图书馆 CIP 数据核字（2018）第 138283 号

Edited by Anthony Smith and Frank Webster
The Postmodern University? Contested Visions of Higher Education in Society
ISBN: 0-335-19958-5
Copyright © 1997 by McGraw-Hill Education.
All Rights reserved. No part of this publication may be reproduced or transmitted in any form or by any means, electronic or mechanical, including without limitation photocopying, recording, taping, or any database, information or retrieval system, without the prior written permission of the publisher.
This authorized Chinese translation edition is jointly published by McGraw-Hill Education and Peking University Press. This edition is authorized for sale in the People's Republic of China only, excluding Hong Kong, Macao SAR and Taiwan.
Copyright © 2018 by McGraw-Hill Education and Peking University Press.

版权所有。未经出版人事先书面许可，对本出版物的任何部分不得以任何方式或途径复制或传播，包括但不限于复印、录制、录音，或通过任何数据库、信息或可检索的系统。
本授权中文简体字翻译版由麦格劳-希尔（亚洲）教育出版公司和北京大学出版社合作出版。此版本经授权仅限在中华人民共和国境内（不包括香港特别行政区、澳门特别行政区和台湾）销售。
版权© 2018 由麦格劳-希尔（亚洲）教育出版公司与北京大学出版社所有。
本书封面贴有 McGraw-Hill Education 公司防伪标签，无标签者不得销售。

书　　　名	后现代大学来临？ HOUXIANDAI DAXUE LAILIN?
著作责任者	[英] 安东尼·史密斯 弗兰克·韦伯斯特 主编 侯定凯 赵叶珠 译
丛书策划	周雁翎
丛书主持	周志刚　张亚如
责任编辑	郭　莉
标准书号	ISBN 978-7-301-29669-1
出版发行	北京大学出版社
地　　　址	北京市海淀区成府路 205 号　100871
网　　　址	http://www.pup.cn　　　新浪微博：@北京大学出版社
微信公众号	科学与艺术之声（微信号：sartspku）
电子信箱	zyl@pup.cn
电　　　话	邮购部 62752015　发行部 62750672　编辑部 62767346
印　刷　者	北京中科印刷有限公司
经　销　者	新华书店
	650 毫米×980 毫米　16 开本　13.75 印张　131 千字 2018 年 8 月第 1 版　2018 年 8 月第 1 次印刷
定　　　价	68.00 元（精装版）

未经许可，不得以任何方式复制或抄袭本书之部分或全部内容。
版权所有，侵权必究
举报电话：010-62752024　电子信箱：fd@pup.pku.edu.cn
图书如有印装质量问题，请与出版部联系，电话：010-62756370

目 录

序言 ·· (1)

第一章　变化中的大学理念 ·································· (1)
　　引言：大学，想象中的共同体 ························· (1)
　　大学之道？ ··· (12)
　　文凭与工作 ··· (16)
　　大学与社会公正 ······································· (19)
　　寄宿制大学的终结？ ·································· (21)
　　后现代大学？ ·· (24)

上编　后现代主义与现代主义

第二章　大学：历史、现状和差异性 ······················ (29)
　　引言 ·· (29)
　　"等价物"的分类？ ··································· (32)

共享的价值观？ …………………………………………（34）
　　后现代背景 ……………………………………………（35）
　　"我被谈论，故我在" …………………………………（37）
　　学术权威的式微 ………………………………………（39）
　　现代手段并不能够彻底解决后现代问题 ……………（42）

第三章　场所的必要性 ……………………………………（46）
　　合理性的丧失 …………………………………………（46）
　　场所的重要性 …………………………………………（49）
　　无望的辩护？ …………………………………………（51）
　　一个特别的场所 ………………………………………（55）

第四章　后现代大学？ ……………………………………（61）
　　引言 ……………………………………………………（61）
　　大众化高等教育 ………………………………………（64）
　　后福特主义及其他 ……………………………………（72）
　　未来的大学毕业生 ……………………………………（76）

第五章　非功利性与现代大学 ……………………………（82）
　　现代大学的形态和理念 ………………………………（82）
　　现代大学的职能 ………………………………………（89）
　　重新界定大学职能 ……………………………………（92）

非功利性与现代大学 …………………………………… （97）

下编 社会中的大学

第六章 知识分子：大学内外 …………………………… （103）
二元分类 ……………………………………………… （103）
假装成"局外人"的"局内人" ……………………… （107）
被制度化的知识分子 ………………………………… （108）
激进的终身教授？ …………………………………… （113）
旧式知识分子退出历史舞台 ………………………… （118）
结论：知识分子与公共领域 ………………………… （119）

第七章 大学与公共政策 ………………………………… （123）
引言 …………………………………………………… （124）
超越理想主义的大学理念 …………………………… （126）
大学的制度改革 ……………………………………… （127）
福利国家的制度改革 ………………………………… （131）
信息的商品化 ………………………………………… （133）
信息经济时代的大学 ………………………………… （138）
结语 …………………………………………………… （143）

第八章　大学与雇主：理想与现实 (144)

　　变化中的职业生涯 (144)

　　科层制职业的衰退 (146)

　　从"科层制"人格到"魅力"人格 (150)

　　理想与现实 (154)

　　职业界概况 (158)

　　声誉资本 (162)

第九章　结论：一簇充满希望的火焰 (167)

　　想象与现实 (167)

　　已取得的成就 (171)

　　后现代大学？ (175)

　　大学的终结？ (180)

　　公共利益 (185)

　　知识分子与大学 (188)

各章作者简介 (192)

参考文献 (198)

译后记 (205)

序　言

1996年6月19日至21日，本书主编安东尼·史密斯（Anthony Smith）和弗兰克·韦伯斯特（Frank Webster）组织了一次学术研讨会。研讨会分别在他们各自工作的牛津大学莫德林学院（Magdalen College，Oxford）①和牛津布鲁克斯大学（Oxford Brookes University）②举办，这本书就起源于此次研讨会。在富布莱特基金会的赞助下，一所五百多年前建立的古老学院和一所1992年新兴的大学之间实现了一次合作，为此我们向赞助者表示由衷的感谢。富布莱特基金会决定无条件地赞助本次研讨会，此举在当今实属难能可贵。

这次学术研讨会旨在探讨处于深刻而迅速变化时期的大学的特征。为此，我们邀集了英国及其他国家一批对此问题感兴趣而又富有才华的学者，他们对大学生活有着丰富的体验和认

---

① 莫德林学院为牛津大学学院之一，始建于1428年。——译者注
② 牛津布鲁克斯大学成立于1865年，1970年成为牛津技术学院，1992年正式更名为大学。——译者注

识。

众所周知，当前大学教育正在经历着重要的变化。高等教育大众化的潮流正在遍及世界各地，高等教育的资助方式日益多样，获得和分析信息、知识的新渠道层出不穷。与上一代人相比，20世纪90年代的大学生或大学教师的身份有着截然不同的内涵。人们对学生和教师职业的认识也在发生变化。同时，传统的大学教育目的正经受挑战。盎格鲁-撒克逊的大学模式（精英、寄宿制和"离群索居"）正被更为开放、与社会联系更为密切的北美和欧洲模式取代。大量的专业文献在讨论"如何有效地进行大班教学""怎样具备'创业精神'"的问题，公众也在关注"如何维持高等教育标准""如何为大学和学生配置资源"之类的话题。

迄今为止，英国一直缺乏对这些变化的学术研究。而在美国，已出版了大量这方面的重要著作——诸如马丁·特罗（Martin Trow）和艾伦·布卢姆（Allan Bloom）的作品——还有其他大量高等教育研究方面的文献。这些文献有助于我们开展对大学变化及其结果的理论研究和解析。我们希望此书有助于深化这方面的研究，因为本书反映的正是大学内外的学者们在大学问题上的研究成果。本书的作者们并不试图左右这些变化，而是希望通过理论分析，帮助人们更好地理解这些变化。

有些出乎本书编者意料的是，那次周末讨论会上迅速形成了两派观点：一派学者热情地运用"后现代主义"的词汇来解释高等教育的变化；另一派则有明显的现代主义思想。前一派学者青睐后现代大学的多元性和差异性——这样的大学具有灵活性，拒绝学术权威和"合法知识"（legitimate knowledge），具备转型和变革的能力。而对于后一派学者来说，他们中的大多数人并不认为目前变革之深远，已足以贴上"后现代"的标签，即便看到了后现代主义条件的迹象，他们也持批判的态度。

这次研讨会为本书提供了一个现成的框架。在第一章里，我们介绍了本书议题的背景和内容。本书上编中，我们呈现了后现代大学的拥护者（鲍曼和斯科特）与质疑者（库马尔和菲尔默）之间的辩论。下编中的文章将大学置于公共领域的背景下展开讨论，这些文章基本上反对用后现代主义的观点竭力攻击当今大学的学术生活（雅各比），呼吁大学积极回应社会需求（梅洛迪），并特别提醒我们高等教育中存在的社会不公平现象（布朗和史凯斯）。本书最后一章对上述讨论进行了回顾和评价。

我们十分感谢所有的参会者，他们使那个周末变得如此激动人心、引人入胜和富有挑战性。他们包括[①]：利兹（Leeds）大学的齐格蒙特·鲍曼（Zygmunt Bauman）、牛津大学莫德林学院的劳伦斯·布洛克里斯（Laurence Brockliss）、肯特

---

① 本书中列举的相关人员的供职机构及职务，为本书写作之际的信息，这些信息如今可能已有变化。——译者注

（Kent）大学的菲利普·布朗（Phillip Brown）、自由撰稿人戴维·科特（David Caute）、金史密斯学院（Goldsmith College）的保罗·菲尔默（Paul Filmer）、斯特拉特福德市（Stratford）的国会议员艾伦·豪沃思（Alan Howarth）、自由撰稿人迈克尔·伊格纳季耶夫（Michael Ignatieff）、洛杉矶加州大学的罗素·雅各比（Russell Jacoby）、曾任职肯特大学而现任职弗吉尼亚大学的克里尚·库马尔（Krishan Kumar）、曾任职谢菲尔德（Sheffield）大学而现任职牛津大学曼斯菲尔德学院（Mansfield College，Oxford）的戴维·马昆德（David Marquand）、丹麦理工大学的威廉·梅洛迪（William Melody）、来自德莫斯（Demos）①的杰夫·马尔根（Geoff Mulgan）、《观察家报》的梅拉妮·菲利普斯（Melanie Phillps）、伯贝克学院（Birkbeck College）的本·平洛特（Ben Pimlott）、利兹大学的彼得·斯科特（Peter Scott）、威斯敏斯特（Westminster）大学的琼·西顿（Jean Seaton）、牛津大学圣安东尼学院（St Anthony's College，Oxford）的西奥多·泽尔丁（Theodore Zeldin）。

本书的编撰还得到了沃维克（Warwick）大学的莉萨·卢卡斯（Lisa Lucas）、牛津布鲁克斯大学的蒂姆·布莱克曼（Tim Blackman）和艾伦·詹金斯（Alan Jenkins）的许多有益建议和支持，他们对相关文献提供了宝贵的指点。

---

① 德莫斯为英国著名思想库。——译者注

第一章 变化中的大学理念

安东尼·史密斯　弗兰克·韦伯斯特

引言：大学，想象中的共同体

大学在不断地吸收和积累一代又一代人不同的期待——也许还包括假想。但大学也令人们失望。学者曾经被认为是理性和非功利性话语的典范，如今却因其学术派性和自相攻讦，而遭到人们的嘲笑。为了用多元文化主义的政治观点解决种族冲突，这些学者们被迫接受一系列程式化的政策——这些政策影响到了大学的课程设置、教师职位升迁和象征性的自我表达方式，一切仿佛让人觉得：大学拥有影响社会变革的直接而简单的工具。现在，人们又希望大学像对待顾客一样对待学生，于是学生开始把自己成绩不佳归咎于他们的老师，甚至出现了一种新的趋势，即失意学生开始控告教师。在20世纪60年代大学规模扩张的过程中，人们希望通过学术和科研的有序发展，体现知识的理性化管理的需要，复杂的大学科层化模式应运而生；民族—国家在文化和科学知识之间建立起一种"互为隐喻"（mutual metaphor）的关系，人们期望大学实现相互矛盾的目标：一方面通过"文化"培养，造就一批民主化管理所需的精英，另一方面通过培训大量的科学家，满足国家在全球经济竞争中产业发展的需求。毫无疑问，"培训""教育""学术"和"卓越"等术语像随时可能引爆的炸弹一样，掩埋在所有关于大学未来的讨论之中。

在西欧，没有哪一个国家的大学制度的性质变化得像英国这样迅速。在英国，高等教育从精英型向大众型的转型相对较晚，人们对其变革速度和深度的评价或许有夸大其词之处。英国高等教育最明显的变化是学生数量的急剧增加：目前英国共有全日制学生100万名，而20世纪90年代初这一数字仅为60万。20世纪60年代初，学生数只是目前的五分之一。今天，每三个适龄青年中就有一人上大学，而这一比例还在持续上升。大学曾经被认为是杰出青年才能够进入的地方，上大学曾经被认为是一件值得隆重庆祝的事情，是保证个人在学术和社会地位上得到升迁的标志。而现在，大学仅仅意味着人生的一个阶段，上大学不要求特殊的学术资质，大学学历本身也并不预示着将来能取得世俗意义上的成功。

现在人们已经普遍认识到，高等教育的规模扩张伴随着资源的紧缺。这一点，在贫困生的不断增加、学者薪金的不断下降、学者社会地位的不断降低、大学组织的日益凌乱等方面可以得到印证。学生数的增长引发了文凭贬值，大学毕业生不再对在未来获得高薪和高社会地位抱有信心。伴随这种衰退还出现了人们对于教育标准下降的指责，用《星期日泰晤士报》（*The Sunday Times*）（1995年9月3日）的话来说，大学在颁授"虚假学位"（dummy degrees）。

随着高等教育规模的急剧扩张，大量新的机构被冠以"大学"之名。在英国，当提到"大学"一词时，人们想到的一定是具有悠久历史和传统的教育机构，但事实上，现在的大学中历史悠久的为数很少：超过四分之三是在20世纪60年代以后成立的，非常具有戏剧性的是，其中30所是在1992年一年间被冠以大学之名的。伴随着这些转变，出现了"大学管理"（university management）这一新名词。以往，大学校长一般由学者担任，由学术委员会选任。现在，负责大学管理的是常务校长或副校长，他们（很少有女性）拥有六位数的薪金，具有很强的策划和市场推广才能，但是，他们自身却没有什么高水平的学术成就。

当然，明显的转变还不止这些。也许影响最为深远的变革是信息技术革命所带来的冲击。信息技术革命不可避免地席卷了作为信息生产中心的各国大学。大学成为宣布进行信息革命的机构中的先导力量，在教学和研究中率先使用电脑和新的通信技术。新技术的使用意味着高等教育已经超越了传统意义上的校园在物理和空间上的限制。

这些变化还推动了人们关于"大学职能"及纽曼主教（Cardinal Newman，即 John Newman）于 1853 年所著《大学的理念》（*Idea of a University*）中提出的古老话题的新一轮讨论。在 20 世纪的大部分时间里，大学的"理念"已经成为（至少看起来如此）大家"耳熟能详"（虽然可能没有最终落实）的观念。那时候，精英型院校容纳的大学生只占适龄人口的二十分之一。精英大学里的教师是社会的上层人士，他们看起来最适合生活在修道院似的大学氛围里。他们的工作就是使学生成为如马修·阿诺德（Matthew Arnold）在 1867 年描述的"被世人认为和已知的最好的人"（Arnold，1983，第 31 页）。大学最初的目的是"培养学生正确的判断力"，知识领域里的不同内容与技能存在明显的等级差别。当学生从大学毕业，他身上通常显示出有别于"未受过教育者"的"受过教育者"的特征。虽然存在地区差异，但在 1860 年以后 19 世纪的大部分时间里，这一大学理念是大学发展的推动力，其影响力普遍而显著。

当然，1960 年的大学与 1860 年的大学相比有着天壤之别，其最主要的原因是，社会和经济的发展需要越来越多的专业知识，这就不可避免地导致了学科的专门化。知识领域的分化和分裂由来已久，学界诸领域越来越难以找到共同的目标（Clark，1983，第 18 页）。20 世纪初，马克斯·韦伯（Max Weber）（1948，第 243 页）曾指出，将"专家"从"有修养的人士"中区分出来的思想，主导了后来关于高等教育目的的讨论。

高等教育目标的分化，引起了一些人的阵阵紧张与不安。例如，沃尔特·莫伯利爵士（Sir Walter Moberly）（1949，第 50 页）描述了"大学的混乱"，他揭示了大学的"教学使命"与"探究使命"、对开放的入学程序和更具"应用性"的角色的要求之间的矛盾。然而，即使第二次世界大战后大学的单一理念消失了，大学的多元理念似乎依然可以相互协调（Kerr，1963）——大学融合起了教学与科研功能，对学生身心发展的关心和对知识的自由追求依然是一种积极的理想。

上述情况与现时主导的大学理念已不可同日而语，至少与现在英国一百余所大学院校的情形不同。昔日的大学理念无法解释，为何如今的谢菲尔德大学——更不用说北伦敦（North London）大学、卢顿（Luton）大学、德蒙特堡（De Montfort）大学——居然开设了商业管理、会计和零售经营方面的学位课程。我们很难准确地描述这些问题，很明显，现代大学的目标已经发生了改变——从很多方面看，大学目标可能已变得难以辨认。今天的大学如此多样、分化和充满差异，以至于我们难以找到合适的语言阐述宏大的大学组织原则。无论如何，约翰·纽曼（John Newman）的"理念"从未真正独领风骚。社会上的大多数人都无法参与享受大学带来的利益。实际情况可能是这样的：在一段时间里，一元化的大学话语曾经得到了当时学术界和受过教育的民众的认同。目前，关于大学功能的讨论中，有一点已十分明显：已经没有多少人试图为特定的大学主题寻找一种普遍的、具有激励作用的话语了。

尽管现在的大学在政治游说和公众关系方面投入了大量精力，当代英国高等教育的一个显著特征依然是其被动性。校长和公关经理的办公室里堆满了新闻宣传资料，上面都是宣传学生的就业形势如何好、学校在培养毕业生的"创业技能"方面如何有成效、他们与产业的合作多么成功、他们在国家财源创造中的贡献多么不遗余力。我们说大学的被动性，并非暗示着它缺乏干劲，而是说大学在阐述其动机和目标时，在解释高等教育的存在理由时，明显地闪烁其词。这些大学的目标并不在于教书育人、启人心智，它们只是为大学对政府和企业的作用不断辩护而已（Readings，1996）。大学似乎只是安于遵循既定的议程，强调狭义的工具主义，正是在这个意义上，我们说英国大学是被动的。

在大学内部，有人被这些既定的议程鼓动起来，为"打碎象牙塔"、让大学走进"现实的世界"而热情地大声疾呼。更常见的情况是，有人不愿意屈从于身边正在发生的事情，在喝咖啡的时间里相互嘀咕以示反抗，或对大学新近的"创业成就"课程嗤之以鼻。可是，他们也似乎别无其他愿景，每个人心中油然而生的判断是,经历了近二十年的经济压力和政府财政紧缩政策,人们普遍感到士气低落。

这种状况反映在职业衰退、工作不稳定、学术事务遭到官僚(包括部长们)的不断干预等方面。学术生活已不如过去那样吸引人(Halsey,1992)。在 20 世纪 60 年代令人兴奋的后罗宾斯(post-Robbins)时代,资源充裕,工作岗位众多,大学似乎成了社会中有蓬勃发展前景的机构,频频得到政府的咨询和尊重。今天,在学术职业中,人们普遍担心被裁员,氛围斤斤计较,工作被压缩为短期合同制。最突出的表现是,教育顾问居然就大学教师如何"在教学中降低成本"提出建议(参见 Scott,1984)。

在许多院校,教师与学生的亲密关系已荡然无存——如今,当教师无法组织小班化讨论时,师生间的对话也销声匿迹了,取而代之的是"远程学习""自主学习"、大班教学,练习册代替了师生面对面的交流。为了保住同事和自己的饭碗,教师们视创收为当务之急,这种压力不可避免地引发了普遍的职业妥协意识:提供以赚钱为目的的咨询服务、举办有利可图的会议、寻找和争取科研课题——目的是为了获取资源而不是增进知识。现代大学的精神变成"适者生存"的思想,在其中,学术责任更多的是一种忍受,而不是享受。发表成果仅仅是为了满足高等教育委员会的评估要求,指导学生是为了完成任务——所有这一切让人身心疲惫,削弱了教育使命,与学术道德不符。

　　上述话题几乎成为当代所有关于大学问题的讨论的核心。但是，这些话题有着广泛的背景——历史学家戴维·考特（David Caute）强调，如今的时代精神（Zeitgeist）和被赋予新的生机的"历史终结"这一主题包括了不同维度的含义。在西方学术界看来，东欧剧变可谓天翻地覆，变革让人们不再对公立高等教育机构心存幻想。如今，任何公共组织，不论其确立的社会利益目标如何，在自由市场环境里都要受到外界的干涉（参见 Anderson，1992）。人们怀疑，所有这样的公共机构都注定要失败，或者至少，注定不会成功。20世纪90年代以来，撒切尔夫人的思想得到了强调，而那些批评过自由市场制度的声音已趋于消失。

　　影响大学新观念的另一个大背景是后现代意识的出现及其广泛传播，这种意识搅乱了许多传统上认为正当的大学理念。齐格蒙特·鲍曼在本书第二章强调了这一点。后现代思想认为，学术界是一种虚构的存在，差异性是大学内部和大学间的基本特征。专业化的发展如此彻底，即便是一个学院的同行之间也不能毫无误会地讨论他们的专业问题。科系之间的标准也大不相同，大学之间和不同时代的院校之间更有许多不同。所以，在如今的现代大学里，不太可能对任何特定的学科层级进行辩护，更不用说对何者为"权威知识"进行判断了。

　　环境是知识地位之争的一部分。知识领域的"多种声音"

使大学愈加需要捍卫自己作为不同形态知识的"储存库"的地位:现在有许多新的、开放的知识来源——电视、因特网等,不论知识在何处生产,都会遭到挑战。不同知识之间的差异如此显著,知识的分裂(碎片化)已不可避免。知识分子对自己活动的自信心在不断下降,无人能够为大学的合法性代言。

但是我们仍有理由主张大学仍是文化交流和探索的主要场所。克里尚·库马尔(第三章)就强调了这一点。他在很大程度上承认"后现代"的存在。尽管知识具有不确定性和富有争议,却仍值得知识分子花费心智去努力探究。这就需要一个供人们聚在一起工作的场所。库马尔教授认为,如果大学将其存在的合理性仅仅建立在知识和技能传递的基础之上,大学就无法捍卫自己的地位,因为大学传授的知识和技能随处可以获得,而且容易受到挑战。然而,库马尔教授依然是那些致力于维持大学传统的人士之一。

罗素·雅各比提出一种观点(第六章):大学系统的发展导致了为普通公众写作的知识分子数量的下降。在某种意义上,这是今天大学共同体的被动性的另一种注解。作为对自由作家活动(小型杂志、受赞助的出版商)的补充的传统学术资源正在减少;同时,知识分子大量涌进了大学系统,在那里他们变得非常专业化,常以深奥的方式为彼此写作,这样虽有助于获得同行的好评,却排拒了非专业的普通读者。所谓的后结构主义理论学派对此现象提供了经典的说明。因此,尚处于讨论中的一个悬而未决的问题是：在某些分支学科或学派里，专业知识是否已经让知识分子在与普通公众交流时迷失了方向。

罗素·雅各比指出了上述趋势将如何导致荒谬的情形，比如，自称的激进分子、著名大学里有保障的终身教授们坚持认为，自己并不属于高威望和特权的世界，但是他们的文章却难以被普通民众所理解，这样的作品降低了学术在公众心目中的地位，却没有实际的影响力（参见 Said，1994）。在这样的情形下，如今的终身教授们即使想要为今日之大学提出一个明确的目标，他们的言论也可能不为他们的听众所理解。实际上，他们只执着于自己的专业王国（不论其议题是后殖民主义、文化研究，抑或是边缘研究），至于大学的一般性问题，他们则无心过问。

威廉·梅洛迪（第七章）的结论有些类似，却采用了不同的研究路径——这反映出作者作为一个长期参与政策制定的经济学家的特点。他指出，当今大学存在一种"福利主义"心理，即一种"抱怨与哀鸣"的景象，最终大学变得依赖和屈从于公共财力，失去了自己的声音。它为资金投入的减少而悲伤，为政府过度管束而悲叹，而当它获得资源后，又没有人去询问资源的使用情况。梅洛迪教授不同意那种渴望高等教育不受政治家和企业家干扰、教授们可以按自己的意愿自由从事科研和教学的观点。他指出，大学的发展与公共政策息息相关——也许不包括那些已聚敛了大量财富的精英院校。大学规模的极度扩张是为了满足工业化社会的就业、研究和发展的需要。大学若切断与公共政策的关系而特立独行，那么大学将难以为继，因为大学已经与公共政策建立了密不可分的联系。真正的问题是：那样的公共政策的特征是什么？这种特征是如何确立的？

令梅洛迪教授惊讶的是，当我们迈入信息时代，开始强调科学研究的及时性和针对性、强调知识获取渠道的广泛性、强调从业人员的高素质时，大学却突然发现，其自身能提供的东西少得可怜。大学似乎是"信息时代"的核心机构（Bell，1976，第116页），在信息时代，大学应是智力、创新和训练的重要场所。然而，今天大学对于自己在社会巨变中的贡献表现得异常沉默，它们因卑躬屈膝地向政府"乞讨"而遭到指责。梅洛迪指出，这一点特别令人忧心忡忡，因为这使得成长中的"信息社会"依循着市场原则建立起来，却没有人站出来强调广大公众的利益。随着大学本身也受到政府政策的巨大影响，人们很少讨论非商业的或超越商业利益的问题——比如公众接受信息的权利问题、信息商品化的结果问题。在某种意义上说，现在大学里已很少有人探究那些私人企业不感兴趣的问题了（Buchbinder，1993）。

因此，梅洛迪教授呼吁大学应该更加勇敢，以更富冒险精神和引领社会的举动来填补公共政策中的真空。可能梅洛迪的主张会被后现代主义思想家认为是代表了"令人无法接受的学术界的妄自尊大",但是公共利益无法得到保护难道不是实情吗?

大学之道?

在本书赖以结集出版的本次研讨会上,英国高等教育部前部长艾伦·豪沃思极力强调,大学要认识到自己的力量,因为即使在资金短缺的日子里,这种力量仍然是巨大的。首先,大学对当代社会来说是极其重要的,有越来越多的人渴望接受大学教育。此外,大学聚集着有雄辩才能和高智商的人,他们能够为自己的目标提出有说服力的论点。他声称,在更广阔的社会背景中,大学应该高瞻远瞩,成为众人仰止的对象:难以想象任何有影响力的思想中心是不与大学保持紧密联系的。人们只有在回首20世纪初的布卢姆斯伯里(Bloomsbury)文化圈①时,才能想起曾经在大学范围以外的地方还存在过学术团体——而布卢姆斯伯里文化圈本身也吸纳了许多著名的大学学者,其中包括梅纳德·凯恩斯(Maynard Keynes)和伯特兰·罗素(Bertrand Russell)。

---

① 布卢姆斯伯里是英国20世纪初一个知识分子的小团体,在邻近大英博物馆附近的地区活动。其成员极具智性品格和怀疑精神,信奉女性主义,反抗传统,活动松散而自由,享有尊崇又备受攻击。这一团体的活动前后延续半个多世纪,在现代英国文化史上留下了深远的影响。——译者注

然而，大学不应寻求政治家的保护。财政部的行为在大学的运转中必定是俗气的——它关心的是缩减公共支出，因而不愿意听取一些具有重大意义的想法。如今，政治只是人们追求的一种职业，人们不能指望野心勃勃的政治家提供什么支持。大学校长们也不会成为积极的大学思想维护者，因为他们个人的履历表明他们缺乏远见，他们只是机会主义者，不能对所面临的问题提出有挑战性和想象力的对策。比如，通过分析那些被广泛吹捧的"使命陈述"（mission statements），我们可以发现这些都是陈词滥调，都是急功近利、利己主义和泛泛而谈，几乎所有的"大学使命陈述"都可视为"市场营销陈述书"（Watson，1996），其目的仅仅是确保大学在与政府的直接谈判中尽可能占据有利地位。

但是，我们完全可以在兼顾经济目标的情况下，找到广泛而意义深远的"大学之道"，关键是我们是否愿意超越只看眼前和纯粹工具主义的眼光，在更宏大的背景下来看待大学问题。这样的"大学之道"只能来自学者和大学自身。

大学已经成为培养公民过程中的一个关键要素。大学提供了一种人生转型的体验——学生的身份认同、持久的友谊和人际关系在这段时间将得到重要的发展（Pascarella and Terenzini，1991）。这一点对于那些有幸完成大学教育的人来说尤其明显。进一步说，大学经历为培养人的思想独立奠定了基础，而思想独立是健康的民主政治所必需的（参见 Barnett，

1994)。大学教育可以提供激发思维所必需的知识手段（Anderson，1993），为学生更好地分析和评价他们未来生活中即将遇到的各种问题做准备。此外，大学教育可以帮助学生将历史和现实生动地结合起来——这是任何一种充满活力的文化所必备的要素之一。

保罗·菲尔默在本书第五章中提出了类似的观点，强调"非功利性"（disinterestedness）原则也是现代大学的基础，当然，要证明这种特质的存在是比较困难的。这需要恪守古老的积极中立（positive neutrality）的"学术教条"（Nisbet，1996）——不管探究的方向是什么，中立的思想始终激发着人们对周围现象的探索活动。这一"学术教条"让我们怀疑所有试图引导大学远离天真自治论或过度自负的努力是否有效。但是，大学经历的确培养了反思的品质，凡是经历过大学的人都普遍拥有这种品质。

大学发挥着澄明心智的作用。尽管"文明化"的大学使命遭受了质疑（后现代主义者就对这一使命提出了挑战），大学还是需要严肃地对待"文明化"的重任。这样说并不是为阿诺德式的信条作信口开河的辩护。乔治·斯泰纳（George Steiner）揭示了一个让我们无法释怀的事实：在德意志第三帝国下，歌德和莫扎特同样受到敬仰。由此看来，没有人可以自欺欺人地说，大学（或其他任何机构）可以单纯凭借自身的力量抵御各种形式的野蛮行为。即便如此，人们仍然坚信，高等教育是文明社会的一个必要因素。

在我们的讨论会上,有一位叫西奥多·泽尔丁(Theodore Zeldin)的与会者对会议主题感到惴惴不安。他认为,这样的讨论可能会让人觉得我们是在怀念大学向少数人开放的那个时代。泽尔丁主张,大学应该向世人表明自己关心"生活的艺术",探索获得愉悦的手段,陶冶情感和激情,提升人们的阅历。在传播最新资讯方面,大学不再一枝独秀。在通信技术发达的时代,人们有足够的便捷途径学习处世之道,但大学在终身教育、促进个人与社会发展和探寻生活真谛方面,依然占有一席之地。泽尔丁形象地把大学比喻为"快乐之屋"——人们可以在人生的不同阶段来到这里"充电",增进自己的睿智,提高自己的生活品质。在西方社会,大学生就业后的生活更加丰富多彩。提高生活品质、丰富现代人的心理世界,已经成为大学重要而容易边缘化或被忽视的一项功能。

彼得·斯科特在关于后现代社会及大学在其中的地位的评论(第四章)中强调,教育、工作、生活方式和身份这些原本相互关联(或者看起来如此)的部分正在变得相互独立。今天的教育并不能保证学生获得稳定的工作和生活,个人"身份"不再与工作和生活方式紧密挂钩,但是大学可以成为向人们提供拓展潜能(而不是为了直接的经济回报)的机会的机构。人们可以利用大学教育发展人际关系,培养共同的归属感,以便建立和塑造自我形象。这样一来,大学就可以为个人生活的不同阶段提供一系列再培训的机会。

文凭与工作

我们是否有必要接受这样一种观点，即已不再有一种或一组理念可以指引今日的大学了？今后我们是否需要把大学描述为一个由"多样化使命"与"众多不同要素"组成的"混合体"（Clark，1983，第26页）？齐格蒙特·鲍曼（第二章）和彼得·斯科特（第四章）都认为，后现代大学具有多样性、矛盾性和差异性的特征——大学内的组织从上到下都是如此。在这种情况下，我们不再需要追问任何关于大学"理念"的问题。事实上，在鲍曼教授看来，我们应该为拥有这种多样性而感到"幸运"，我们不必再去寻找大学赖以支撑的理论基础。虽然大学之间存在差异，大学的办学目标都是对文凭授予权的垄断（现在已经不能全面垄断了）。很多年前，丹尼尔·贝尔（Daniel Bell）（1966）用社会学术语描述了美国大学正大规模地从"共同体"（community）世界（教师和学生有着强烈的整体意识），向由不同的陌生人组成的"联合体"（association）世界（人们之间的精神联系极少）转变。"学术社区"（Gemeinschaft）正向"学术协会"（Gesellschaft）转变。在这样的大学里，人文学科与自然科学格格不入，唯一的共通之处是：

所有学科的学生都从相同的学校获得了作为他们成绩证明的文凭。大学已经成了一个专门从事资格认证的机构。

这样的思维方式充满了危险。首先，大学可能会降格为职业界、雇主和工业界的"奴婢"，那些试图为自身利益寻求认证的赞助商和专业团体，可能对大学事务实行渗透，更不用说大学中的一些学系投机取巧地开发"服务于工业需求"的课程——这表明外界的渗透已经实实在在地出现了；其次，如果大学仅仅从实用的角度进行"自我防卫"的话，它将有被外部机构取代的危险，因为外部机构可能更有条件传授这些技能。德莫斯思想库的杰夫·马尔根（Geoff Mulgan）认同这样的观点。"公司课堂"（corporate classroom）的飞速发展预示了这一种趋势的必然性。也许我们应该关注道格拉斯·海格爵士（Sir Douglas Hague）（1991）对"恐龙大学"（university "dinosaur"）的频频批判和对私营企业中"知识型企业家"的赞许——我们可以预期：工商界将大举进入那些"传统上被视为大学专属领地的区域"（Hague，1996，第12页）。

当然，学生在大学里的成功与工作上的成就之间必然存在某种联系——尽管这种联系有赖于学生获取文凭这一外部动机，因为长期以来文凭是与舒适生活联系在一起的（Bonney，1996）。但同样明确的一点是，拥有学位不再能确保一份好工作。长期以来，毕业生失业现象司空见惯，人们清醒地意识到，与以往的大学生相比，如今的毕业生已经并将继续遭遇就业困境。但是，如果不接受高等教育，要想获得高薪，找到满意的工作，则难度更大。

菲利普·布朗和理查德·史凯斯（Richard Scase）论述了大学与就业之间关系变化的问题（第八章）。他们用实证研究的方法，分析了在变化的商业环境中人们的就业偏好。研究指出，劳动力市场经历了从"科层制职业"（即雇员通过展示其"技术和执行能力"实现在职级阶梯上的擢升）向"魅力职业"（即雇员需要成为团队合作者、领导者、做事主动者，等等）的明显转变。因此，招聘部门希望毕业生具有适当的"人格组合"（personality package）。与过去的"组织人"（organization man）标准十分不同，现在的用人标准更适合于今日的快节奏和对灵活性的需要。

在大学毕业生"过度生产"的时代，这样的人才标准让用人单位更倾向于从最有名望的大学里选人，那里的学生被认为具有适当的、可迁移的技能。（在新成立的大学里，这些技能的培养成为明确的教育目标，但是有人认为，这是因为大学允许不合格学生进入大学的结果——大学需要对这些学生进行补偿性教育！）对于许多新兴大学希望通过培养学生的可迁移技能来证明大学教育价值的做法，布朗和史凯斯两人持非常怀疑的态度。[①] 他们认为，招聘过程具有很大的主观性，招聘者青

---

① 布朗和史凯斯曾评论了高等教育与就业的关系。见 Brown, P. and Scase, R. (1994) *Higher Education and the Corporate Realities: Class, Culture and the Decline of Graduate Career*. London: Routledge. ——译者注

睐那些与他们自己品质、特征类似的人，而不会挑选那些仅仅掌握了可迁移技能的学生。学生，尤其是那些新兴大学出来的缺乏优势的学生，应该认识到这种改变，并且寄希望于科层制的职业——这样的职业强调规划性、更加公开和公正（因为有明确的规则和程序）、更少受制于赞助者和主办者的兴致。

这种招聘形式受到大学之间"相对地位"的影响——这意味着，大学地位（无论是社会的或学术的地位）越高，其毕业生对雇主就越有吸引力，那里的学生也被认为掌握了更高的"可迁移技能"。这一现象的一个重要的政策含义是，大学可以不必过多关注可迁移技能的传授，而应寻求自己在大学排行榜上的地位。那些处于高端的大学（牛津、剑桥占统治地位），其地位相对稳定，但是对于那些排名较后的大学来说，的确存在诸多变数。在过去的 25 年中，沃维克大学（University of Warwick）异军突起，其他一些新兴大学也后来居上，排名已升至中等水平。

大学与社会公正

假如毕业生招聘时那些声望高、有地位的大学的毕业生真的更受青睐，那么即使在强调灵活性的后福特经济时代，大学仍然必须保留一些"老式"特征。这里，后现代思想所称"差异性必然导致复杂系统内部不能彼此兼容"的观点并不能得到证实。学校的等级差异依然非常明显，至少在雇主心目中这样的差异是明晰的。因此，大学毕业生的招聘方式引发了所谓"大学与社会公正"的敏感话题。

我们的研讨会关注了那些名列前茅的大学在入学机会上持续甚至不断升级的社会排斥性（social exclusivity）。高等教育机会均等问题涉及社会中不断变化的职业分布格局。很自然，在体力劳动方面的职业大为减少的社会中，人们可以预期，来自靠体力劳动维持生计的家庭的学生数量也将越来越少。但是情况似乎在恶化。名牌大学似乎越来越多地接纳来自中产阶级家庭的学生，这些家庭拥有必要的文化（常常指物质方面的）资本，可以帮助其子女在激烈的入学竞争中获得成功（参见Walden，1996）。

悖论就出现在这里。一方面，我们看到高等教育入学机会在不断扩大，但同时，进入一流大学的竞争却更加激烈，那些最有优势的学生在找工作过程中再一次获得优势地位。我们看到大学更大的包容性与更大的排斥性共存。寄宿制大学过高的费用令普通学生望而却步，这进一步加剧了上述矛盾现象。我们记得库马尔教授对寄宿制大学充满向往（第三章），但不能忘记的事实是：在1995年，几乎半数的大学申请者都来自本地。而社会不平等问题就体现在这种变化中。"大学与学院入学服务处"（The University and College Admissions Service）报告说，近来低龄学生和家境较好的学生仍然趋向于就读寄宿制学校，"但是来自少数族裔申请者和大龄学生数量的增长，推动了走读上学的趋势"（*The Guardian*，1996年8月9日）。坦白地说，家境较好的家庭仍然把他们的孩子（绝大多数在十八九岁时）送到寄宿制大学，在那里孩子们能学习最受未来雇主青睐的那些东西。在本地大学上学的走读生中，大龄的、来自于弱势家庭和少数族裔的学生所占比例特别高。其结果是，当雇主来招聘时，这些学生就会失去机会。对于这种不公平现象，并没有简单的解决办法，因此，不公平仍然存在。

寄宿制大学的终结？

在英国，寄宿制大学对于学生和教师都有巨大的吸引力，但是劳伦斯·布洛克里斯（Laurence Brockliss）在研讨会上建议我们应该向欧洲的邻国学习。盎格鲁-撒克逊的大学模式明显不同于法国或德国，那些国家大学的典型特征是：学生规模庞大，且多在本地院校上学。英国大学理念中"亲密的"师生关系在这些国家并不盛行。如果我们要建立一个收费合理的大众化高等教育系统，那么英国大学或许应该放弃"大学是寄宿场所"的想法。众所周知，英国大学的运营成本比国外院校高得多，所以放弃寄宿制可能是降低办学成本的一种手段。劳伦斯·布洛克里斯还分析道，一代或几代人以前，寄宿制或许有其广泛的社会基础，但是，今天18岁左右的年轻人比他们的先辈要成熟得太多，从教育角度看，寄宿制的基础已基本不复存在。

我们还应该想到，新技术的发展可能会成为抑制寄宿制教育需求的日益重要的因素。"虚拟大学"已屡见不鲜。在"虚拟大学"里，学生可以不受空间距离的限制与优秀教师进行学习交流。如今，这至少在理论上可行，甚至已经成为现实（Laurillard，1993）。高等教育中通过技术手段降低运营成本的做法，对于政策制定者来说必将具有极大的吸引力。

但反对者认为，在教育过程中，学生与教师需要面对面交流——对于学生和教师来说，用电脑终端取代人际交往，并不是一种理想的选择。开放大学是远程学习的一个伟大先锋。那里的实践表明，学生对于人际交往抱有极大的热情。学生普遍认为，暑期与周末寄宿学校是他们重要的学习阶段。同样，我们经常听到这样的警告：不要简单地认为技术可以取代导师"活生生"的教学。技术主要是补充而非替代品：电视没有取代书籍，文字处理系统也没有取代纸笔。当然，计算机化教学将在未来的几十年里快速发展，但是要在这方面作出理想化的政策预言还需谨慎。

劳伦斯·布洛克里斯还对英国强调教学与科研相结合的必要性和可持续性提出质疑。为什么大学教师必须两者都从事，且还要做到两者都精通？事实上，我们的那些享有盛誉的大学，是不久以前才开始从事科研活动的。大学从事科研活动只有几十年的历史。值得注意的是，纽曼极具影响力的《大学的理念》（1987，1853年首版）一书强调了让科研从大学中消失，给大学以充分的自由去关注学生的发展。尽管现在许多大学教师都认同并有志于兼顾科研与教学，但是很少有证据表明（Ontario Council on University Affairs，1994）本科生能从他们老师的科研活动中获益，学生甚至意识不到他们的老师正在从事什么科研工作。事实上，来自美国（那里，高等教育本身是一个正式的研究对象）最有说服力的证据表明：教师的科研取向与学生对教学的满意程度之间存在负相关。亚历山大·阿斯汀（Alexander Astin）（1993，第418页）进一步总结说，"大学提高本科生教学质量越来越困难，其根本原因是大学的研究功能在不断扩大"，这导致大学在聘任、晋升和评价教师时更青睐那些很少从事教学工作的"明星教师"——他们的学术地位是由其科研而不是教学水平决定的，这些教师倾向于回避更以学生为中心的、更具创新性的教学方法（参见Sykes，1988）。

这里需要重点解决科研的内涵以及它与学术的关系问题（"学术"是一个独立且更传统的范畴），但是，正如戴维·马昆德在本次研讨会上强调的，目前的趋势表明，研究工作者和教学工作者之间出现了分化。这一分化并非有任何人刻意为之。尤其是当英国实施"科研评估"（The Research Assessment Exercises）之后，只有少部分大学侧重科研工作，同时，在这些大学（以及其他大学），从事科研和专门从事教学的教师之间出现了分化。在思想库、大公司的研发活动不断增长的情况下，甚至出现了大学的部分科研活动与大学本身的活动相脱离的迹象——尽管目前这些机构仍然与大学保持紧密的联系，甚至依附于大学。

后现代大学？

以上所述都是大学变化中的一部分。人们认为，高等教育大众化的发展是一个重要且有意义的现象，但是在解释这些变化时，存在观点分歧。"后现代"论者对以往的大学特征持否定态度，认为昔日大学存在的合法性如今已不复存在。而另外一些学者，虽然承认大学发生的变化，但坚持认为大学发展依旧是连贯的。彼得·斯科特（第四章）倾向于认同前一种观点［虽然在讨论这些变化时，他没有考虑"金三角"（Golden Triangle）中的牛津、剑桥和伦敦大学的情形］。他将后福特主义经济发展与更广泛的后现代世界联系起来，认为后现代社会对大学的影响是深远的。从这一观点看来，一切皆在变化中：灵活性、新的专业主义、新的教学方法、新的学生类型、新的学习方式、多样化的学习动机、学科的解体……

然而保罗·菲尔默（第五章）勇敢地回击了斯科特这一极具影响力的观点，他对后现代主义的概念逻辑提出了质疑，同时为大学的"非功利性"研究、学术和教学基础进行了有力的辩护。菲尔默并非对现实变化置若罔闻，但他还是坚持当年人们曾捍卫过的大学理念。

或许，已故的比尔·雷丁斯（Bill Readings）（1996，第191页）的观点是对大学所遭遇挑战的最好总结：

> 目前，知识秩序和制度结构正在瓦解，代之而起的是一种关于卓越的话语——它告诉教师和学生根本不用担心事物是如何整合在一起的，因为这不是他们需要操心的问题。他们要做的，就是继续他们手头的事情。有关整合的大问题应该交给行政人员来解决——他们将综合考虑大学的目标和效率的达成情况。

但是，无论过去或现在，大学只能是一个共享思考过程的地方，在这里教学是大学与外部社会进行永恒对话的过程，在这里"不同思想共生共荣"。在"商业卓越"的理念之外，未来大学应该有一套属于自己的思想活动方式——这样的思想活动历经"怀旧者"与"浪漫者"的追求和排斥，现在依旧充满生机。

上编　后现代主义与现代主义

第二章 大学：历史、现状和差异性

齐格蒙特·鲍曼

引　　言

根据《牛津英语辞典》(*Oxford English Dictionary*)的解释，"大学"一词——正如九百余年前的情形一样——是教师和学生聚集在一起探讨高深学问的地方。九个世纪以来，校园的小桥下川流不息，多少小桥或因年久失修而崩塌，或因质量问题而被拆除，同时，新的、更好的小桥不断出现。然而，不论流水和小桥发生什么变化，教师和学生一如既往地聚集在一起，共同追求高深学问。很显然，他们相信（或者受人影响而相信）自己所从事的一切理应如此。他们相信，无论是一般的"学问"，或者专门的"高深学问"，或者所有值得学习的知识，都存在某些共同之处，人们有足够的理由聚集在某个或一群建筑中，在相同的权威下，遵循相似的规则和制度，一起追求学问。

用今天的知识和理解力去反观历史，我们可以发现，过去人们对学术信念的执着程度，要远远胜过今天。确实，那时人们很容易相信学问的共同主题可以被灵活地压缩为"三艺"（文法、逻辑、修辞）——这样人们可以获得三种通往雄辩的途径，还有"四艺"——这样人们可以获得四种通向博学的途径。甚至在距现在不太遥远的年代，拉斯金[1]和狄更斯[2]都认为自己有能力和责任评论穆勒（John Stuart Mill）的《政治经济学原理》。然而，今天的情形却大不相同，现在大学行政人员对周围教师的教学和研究鲜有所闻（更别说理解），而要理解更远距离的人们所谈论的事情，他们可能需要借助工具书了。当然，如果他们谈论起关于学校注册处工作人员的愚笨无知、历任政府高等教育大臣的冷酷无情、研究资助委员会的褊狭短视、上一代复印机的愚不可及或者关于学校食堂糟糕的伙食，那么他们可能就滔滔不绝了。

大学内部相互交流不多，人们曾经盼望有一个统一的或者具有统领作用的科学方法，现在这种希望变得十分渺茫和无关紧要。由于人们极少互相谈论与个人密切相关的事情，他们就

---

[1] 拉斯金（John Ruskin），19世纪英国著名艺术评论家与艺术家。——译者注
[2] 狄更斯（Charles Dickens），19世纪英国著名作家。——译者注

无法判断彼此行为的相似或不同之处。即使存在一种适用于所有人的学术研究方法，人们也很难发现。即使他们注意到了，对大多数人来说也是无关紧要的。或许那些专门研究科学方法的哲学家是一个例外——但是其使用的方法也只对他们自己有用。

或许，只有"教师和学生面对面交流"这一点才表明大学具有统一性？也许，无论教师教什么或学生学什么，师生们都相信，有一种适合他们传递、接受和利用不同知识及技术的共同方法。但只要稍微巡视一番教室或研讨会现场，你就会发现，如同"统一"的科学方法论一样，"教学方法"也充满了神秘色彩。正如菲尔·科恩（Phil Cohen）（1995）敏锐观察到的那样：

> 授课可能意味着：教师通过充满魅力地演示学习内容，再现维多利亚时代的遗风或文艺复兴时期博学之士的精神；也可能意味着"主动学习程序"中毫无个人感情色彩的信息传递。研讨会则可能是一场学术争论，也可能是"相遇群体"（encounter group）① 的随意交流。

或许，我们可以像波兰高等教育史学家和社会学家兹比格涅夫·德罗兹威茨（Zbigniew Drozdowicz）（1995）那样，把大

---

① "相遇群体"为一社会学用语，指在特定情景下人们偶然相遇所形成的群体。如，同车旅行的乘客，在途中出现车辆故障或其他不测情况，人们相互攀谈，发表议论，通过彼此了解和认识而形成的一种暂时性的人际结合。——译者注

学开设的这些课程和研讨班上丰富多彩的个性、风格和态度归纳为少数几种类型。但结果我们发现,这个清单可以无限地延伸,现实风格的多样性,让任何概括性结论相形见绌。事实上,这样的类型描述越精确,它们就越远离我们所熟知的学术同行们的实际情况。

"等价物"的分类?

人们反复发现,大学里存在一种类似"一人一票"的民主理念:内容迥异的知识和专门技能都具有制度化的"等价物",而等价物的估价标准也是完全公正的——这是一种不言而喻的假设,它不同于大学工会的谈判,人们的立场各不相同。在大学的哪个院系获得文凭不重要——重要的是你的主考官给出的评定等级是什么,是否同意授予你文凭。在逐渐被就业市场左右的教育领域,制度化的平等思想体现为具有同等功能且标识相似的大学学位和文凭:不管你的专业是什么,一流大学的学位都能保证你拥有美好的就业前景。值得注意的是,在实际中,学位与职业之间的逻辑关系还有另外的解释:如果获得学位前,个人接受的各种大学训练具有同等的合法性,那么接受这些训练的人就具有了同样的地位,毕业后也就顺理成章地有了同等的境遇和命运。如果所有的大学毕业生都是合格的,那么所有教授也都是名副其实的。从另一方面来讲，假如毕业生之间的质量参差不齐，那么师资力量也肯定存在差距。

上述这种信念正遭到各方攻击。昔日高等教育那种平静、怡然自得的状态如今已经被无情地打破了，高等教育被要求迅速贯彻"一体两制"——即两种在历史传统、招生范围、资源提供及自我形象等方面明显不同的制度，却要纳入同一个体系之中。我回顾这个事实，并不是怀疑先前一些多科技术学院毕业生的质量是否已经超过部分"古老"大学的学生，而是想指出这样一种观点：高等学院居然在一夜之间通过行政命令而升格为大学（而且这一决定是"一刀切"的），这不禁让我们反思大学内部和大学间办学水平"等价性"的问题。作为这方面的一个例证，或许我们可以回想一下最近大量涌现的合法主权民族国家（nation-states）——这些国家的出现，并不是因为有越来越多的民族需要实现独立自主，而是因为曾经僵化、贪婪的国家的妄自尊大在不断被削弱，其主权地位在不断被淡化。

另一个同样具有挑战性的压力来自制订或推行全国统一的教学和考试标准。与上述一体化高等教育制度改革相似，人们认为这些标准并不能"自然地"形成平等格局，而且在大学内部并没有现存的"等价物"。再者，与宣称的政策目标相反，上述改革并未真正实现平等，相反为不平等留下了大量的"口实"。随着不平等现象的加剧，这样的口实不断演绎着"自我实现的预言"。通过对工厂产品属性的等级评定，事先给某些商标打上优秀的标签,而给另外一些商标打上"不良"的标签,那些曾经是公众秘密的知识,现在也家喻户晓了。而与此同时,新的公共知识也很有可能成为制造特权和掠夺的强大工具。

共享的价值观?

在纷繁的大学生活中,或许还有另外一道维护统一性的防线:确立并捍卫那些对社会整体来说至关重要的价值观。当然,我们需要精心挑选训练有素的精英来完成这项工作。我们应该还记得,埃米尔·迪尔凯姆(Emile Durkheim)曾寄希望于接受过大学教育的精英,让他们来寻找和传承社会的道德准则——令人无奈的是,不断加剧的劳动分工已经使社会四分五裂,没有什么力量可以"自动地"团结这个社会,以便让人们能和谐地生活其中。

或许我们不会人云亦云地轻易否认上述主张,这样我们可以提出如下推论。首先,现代社会中大学的功能日益专门化,大学需要为那些欣欣向荣的现代化(或正走向现代化)国家提供合法化发展路径,为前无古人的社会整合提供伦理与法律准则。如今,随着现代国家"原始权威积累"过程的终结,这样的需求正在迅速减少。昔日的城市广场或论坛(agora or forum）也明显地从公共辩论场所转变为商业场所。其次，在公司资本形式产生之后，大学迫不及待地重塑自己的形象。大学急于（或者被迫）放弃制定规范（特别是道德规范）的权力，转而信奉新的典范及精神力量。也就是说，在宣扬自己的原则时，大学变得更加谨小慎微，尤其当那些原则与神圣不可侵犯的商业法则相冲突时，大学更是深感自责和内疚。第三，大学不是靠培养智慧和批判性能力的教育宗旨来吸引学生，而仅仅是履行与客户（享受服务的消费者）合同的义务，向他们授予得到社会普遍认可的文凭证书，借助这些证书，学生可以确保拥有物质或精神上的（但通常是市场的）价值。综合考虑上述三个推论，我们可以发现，任何认为大学正在共同创造和推动价值观，并以此追溯"大学统一性"根源的观点，都是缺乏依据的。

后现代背景

大学理念逐一接纳了古老的、后起的和新兴的诸多内容。人们发现，大学需要找到内在统一性的依据和自身的独特性。被冠以大学之名的、多样的教育机构是否具有"共同的特点"？除了法定的共同要素，多样化的大学内部是否具有共同标准来维持其所宣称的统一性？或者，我们只能采用一个更为中庸的、维特根斯坦（Wittgenstein）所谓"家族相似性"（family resemblance）的概念来加以概括？是否我们不应该寻找大学的相似性？因为虽然影响大学发展的因素大同小异，但是大学应对外部挑战的方式各不相同。大学面对的需求和困难都是"找上门"的，而不是来自大学内部或明或暗的质量问题。

我认为，我们普遍经历的不同程度的危机感、当前"生活在十字路口"的感觉、对新自我定义和新身份的狂热追求等问题，都不是源自大学学术的缺失、错误或疏忽，而更多源自我们所处社会中普遍存在的身份模糊、权威分散以及生活的不断碎片化——我喜欢将这些现象归结为"后现代"，但用其他词汇我也不介意，如安东尼·吉登斯称之为"现代晚期"（late modern），乌尔里希·贝克（Ulrich Beck）喜欢称之为"自反性现代化"（reflexive modern）①，或乔治·巴兰迪尔（George Balandier）最近提出的"超现代"（surmodern）。

后现代背景已经把"现代大游戏"分割成许多彼此缺乏密切联系的小游戏，所有游戏规则都被打乱，所有规则的生命周期被极大缩短。除了这种规则的分裂与拼接现象外，我们还可以感觉到时间是"破碎的"，不再像一百年以前那样，看起来

---

① 在贝克看来，"自反性现代化"意味着现代性的进一步发展，造成了一些难以预见的副作用，如妇女革命、生态危机等，社会问题再也不能像在现代化阶段那样，凭借财富的增加而获得解决；同时自反性现代化又意味着要民主、理性地容忍、反思、克服现代性所造成的极限、紧张和困难。自反性现代化不像现代主义者（如韦伯所设想的那样）认为的那样——世界将被禁锢在官僚支配的"铁笼"中，也不像后现代主义者所主张的那样——将会出现现代性的终结、历史的终结。自反性现代化指向现代性的充盈化。——译者注

是连续的、累积的、有方向感的。后现代支离破碎的生活只存在于时间片断中,一旦一个事件成为一个片断,它们就需要等事后才可能被划入历史。而且,只要这些片段存在,它们只有靠自己发现意义和目标,也只有靠自己的力量才能保证事件沿着一定的轨道发展下去。身处这样的时代,富有历史内涵的大学自然感觉无所适从、忐忑不安。在过去 900 年里,无论是在"永恒年代"(time of eternity)还是"进步时期"(time of progress),大学所做的一切具有内在的意义。如果说现代性抛弃了"永恒年代"的意义,那么我们可以说,后现代性抛弃了"进步时期"的意义。游离于永恒和进步双重废墟之间的时间片断,无情地否定了我们逐渐建立起来的、关于大学的标志性的认识,即大学是"人们相聚一起探寻高深学问的场所"。被否定的,不仅仅是终身教职的制度,更有这个制度所蕴含的思想和对美好未来的憧憬——那种经历,就像美酒一样历久弥香;那种技能,就像造房子一样,是逐步累积起来的;那种声望,就像储蓄一样,保存时间越久,产生的利息就越多。

"我被谈论,故我在"

里吉斯·德布雷(Régis Debray)(1979)指出,建立(或破坏)学术声望、社会声誉和影响力的基础在逐渐而持续地转移。过去，这一基础是学术同僚们共同积累起来的"资产"。但是到了20世纪上半叶，这一资产的管理权已经移交给了出版社。出版社掌控学术资产的情况仅仅维持了几十年的时间，管理权再次发生了转移，大众传媒成为主角。德布雷指出：学术权威曾经是由前来听课的人数多少来决定的；后来，学术权威的决定越来越依赖专著的销售量和评论界的好评；如今，这两种评价方法虽然没有完全消失，但电视上镜时间和报纸版面已经成为新的学术评判标准。笛卡儿曾有"我思故我在"的格言，今天我们或许可以用"我被谈论，故我在"来描述学术权威的现状。

我们需要注意的是，学术地位管理权的转移并不是单独事件。管理权转移后，学术资产的所有权不可能独善其身，管理权转移对受控对象的改变也不是寂寂无闻的。出版社培育出来的学术权威，与那些从大学内部"土生土长"的学术权威十分不同；诞生于大众传媒信息加工过程的学术权威，与通过前两种方式产生的学术权威也少有相似性。正如一位法国记者所做的幽默评论：如果埃米尔·左拉（Emile Zola）[①] 被允许在电视上陈述自己的案情，那么他将有充裕的时间来表达"我强烈控诉！"背后的思想。现在，公众的注意力都强调"物以稀为

[①] 埃米尔·左拉（1840—1902），法国作家，自然主义文学流派的领袖。在轰动一时的法国军官德雷福斯被诬向德国出卖军事机密的案件中，左拉于1898年1月挺身而出，在《震旦报》发表公开信，开头一句就是"我控诉"。他揭露了法国总参谋部陷害德雷福斯的阴谋，结果以诽谤罪被判刑。——译者注

贵"，媒体没有充裕的时间来培育一个人的声望——媒体所擅长的是：快速制造、快速收获"恶名"（notoriety）。正如乔治·斯坦纳（George Steiner）所形容的"争取最大影响，然后即刻消失"——这就是媒体最有效的生产方式。凡是参加到制造"恶名"游戏中的人，都必须遵守其游戏规则，这些规则并不眷顾那些曾带来学术声望的勤勉品质。在众目睽睽之下，学者很难坚忍不拔、不紧不慢地探求真理与正义——这样的学术研究很难引起（更别提吸引）公众的注意力，也肯定不能指望在瞬间赢得喝彩。一旦"恶名"取代了"美誉"成为人们追逐的对象，大学教师就需要和运动员、流行明星、彩票赢家、恐怖分子、抢劫犯甚至杀手展开激烈竞争——而在这样的竞争中，学者获胜的可能性微乎其微。

学术权威的式微

制度化的高等教育机构发现，曾经天经地义的对专业技能与能力标准的决定权，如今正迅速从他们手中丧失，这是对大学地位和威望的沉重打击。如今每个人——学生、教师及教师的导师等——都拥有连接互联网的个人电脑，而最新的科学思想经过适当修改，都可以成为便捷而生动的课程内容，而且这些内容可以在任何一个电玩游戏商店里获得。同时，学者们需要更多依赖金钱而不是靠攻读学位的方式，去掌握最新前沿和尖端的学术成果。如此情形下，有谁能够声称，只有大学教师才可以自诩掌握传道解惑、指点迷津的权力呢？信息高速公路开放后，我们重新回顾历史，可以发现，所宣称（事实上也的确如此）的教师权威曾经是如此依赖于对知识资源的集体垄断，在所有通向这些知识资源的道路上，教师具有无可争辩的掌控权。同时，我们也可以看出，历史上学术权威对"学习的逻辑"——不同知识片断可以或者需要按照怎样的时间顺序进行学习和消化——具有独断权力。现在这些曾经独享的特权开始旁落，或被私有化，或通过在股票市场上的买卖而被轻易获得，如果学术界仍然认为大学是"追求高深学问"唯一和当仁不让的领地，那么除非是固执己见的人，否则任何人听起来都觉得苍白无力。

学术权威的最后一道壁垒，或许是文凭证书的独家授予权。毕竟，在向个体传授知识技能方面，大学依旧是唯一具有公信力和交换价值的机构。无论知识来自何处，只有那些合法的学术机构，才有资格检验学习结果，并确保知识被适当地消化、创造和被个体完全掌握。埃尔温·戈夫曼（Erving Goffman）[①] 很久以前曾指出：如果没有大学这样的机构对文凭资格进行确认，社会生活就会逐渐停止下来——文凭是检验和评估

---

① 埃尔温·戈夫曼（1922—1982），美国社会学家，符号互动论的代表人物。——译者注

个人品质的必要手段。在广阔的社会环境中已经不可能再找到像大学这样的场所——它可以规范个体行为，也可以帮助学生自我定位。尽管制度化的资格认证并非万无一失，但是它确实是对付那些江湖骗子、弄虚作假者最有效的预防手段——例如，如果不是英国医学协会（British Medical Association）的注册把关，谁能够将医生同江湖骗子区别开来呢？

至少从这个意义上说，大学可以心安理得一些，它们确实也有心安理得的可能性。但是如同其他能带来附加值的垄断一样，我们需要考虑一种特殊情况：大学对社会所需的"商品化"技能的垄断，同样需要一个规范化的环境才能发挥作用。但是正如表演探戈舞一样，这样的规范需要两方面的配合。在这里，大学如果要有效地发挥垄断作用，职业要求和大学培养的技能之间需要保持相对稳定的协调关系，至少在接受高等教育期间，两者之间的关系应该协调、稳定。在如今日益"灵活"而且完全缺乏规范的就业市场中，上述两者之间很难协调，而且要防止这种关系恶化的前景日渐暗淡，更不必说制定远景规划了。长期以来，高深学问的习得过程在大学实践中已被制度化了，因此无法轻易地跟上就业市场灵活的节奏，更不能适应毫无规范、扑朔迷离的市场变化，所谓"灵活性"的大趋势进一步助长了市场的不确定性（当前，将多样化课程与教学风格统一起来的压力，显然与潮流背道而驰，这更让人们在应对改革挑战时望而却步）。此外，整体而言，掌握灵活性职业的技能并不需要经过长期、系统的学习。通常，这些"灵活技能"破坏了原先完整的、具有逻辑连贯性的技能和习惯所体现的价值。这严重地削弱了学位文凭的商品价值，导致大学文凭的市场价值很难与在岗培训、短期课程和"周末短训班"相匹敌。《罗宾斯报告》扩大了入学机会，降低了大学学费，但也给大学带来了损失，大学教育失去了（也许是决定性的）竞争优势。现在，随着大学学费和生活成本的快速增长，人们或许将会发现，从市场角度看，接受大学教育并非物有所值。

现代手段并不能够彻底解决后现代问题

"现代版本"的进化论告诉我们，"普遍性的"（generalistic）、对环境不挑剔的物种，比那些只适应于特定生态环境的"挑剔"物种，具有更强的生存能力。大学成为对自身环境完美适应与调节的牺牲品，这一点很值得深思——曾经让大学如鱼得水的环境，却与现时代特征格格不入，并正在走向消失。那个让大学适应的世界的最大特征就是：时光流逝是缓慢的（用现在标准来看是"慵懒拖沓的"）。在那个世界里，一把铲子要用上相当长时间才能报废，一项技术要经过相当长时间才会被淘汰，某个专业领域要经过相当长时间才能被贴上"过时"的标签，大胆的新学说也要经过相当长时间才能蜕变为过时的学说——总而言之，凡是由"资产"变为"负债"的过程都是漫长的。我再次重申，这样的世界正在消失，而且其消失的速度之快，是大学几个世纪来获得的重新适应和调整的能力所不能企及的。此外，问题的关键不是大学运作的条件在发生变化，最棘手的问题是：大学需要应对所谓的"元变化"（metachange）——也就是说，环境变化的方式本身在不断变化。

如果一个机构适应了这个世界，它就会给这个机构的日常活动留下制度化的烙印——即，单一的模式化复制（pattern reproduction）。同时，在这个世界里，机构也形成了解决危机、应对环境变化、理解问题和寻求解决方案的一套制度化方式。无论什么时候出现危机，在危机的本质被彻底认识和理解之前，机构总是本能地借助经验，做出习惯性的反应。这就是机构内部解决问题的方式。而从机构外部看，"危机"意味着人们已经意识到"事态严重"了，因此在采取行动时，人们就不能利用情景提供的各种有利条件。于是，任何成功解决危机的故事都预示着"自我灭亡"。这很不幸，但很真实。一个机构应对某次危机越成功，它应对下一次不同危机的思路和效率就越差。把这个道理运用到大学中，将有助于我们理解当今大学遇到的困境。这些困境多半源自大学中制度化的惰性，因此，大学无法将环境变化看作"新生事物"。如果大学具备了这样的认识，它们就会采取新的战略和行动方式。

整体看，迄今为止，"危机即新事件"的道理未被充分认识，因此人们普遍采用哈贝马斯式的反应方式——即，寻求关于高深学问新的一致性，寻求新的但依然寸步难行的从事高深学问的方式。但是，现代手段无法恰当地解决后现代问题——不是因为这些手段在一开始就有问题，而是因为如奥多·马昆德（Odo Marquand）（1987）机智评论的那样，在我们生活的世界中，"所有的计划都被其他手段搅乱了"（取自克劳塞威茨①的一句著名格言）。假如人们能够给这个世界设定一个唯一的、巧妙的和经过深思熟虑的行动模式，那么情况是否会有所改善？回答是：这样的假设不但没有可能，而且几乎不着边际。因为显然我们缺乏能够推动这一计划的力量，所有依靠微薄力量推动的计划，终将让已经分崩离析的后现代人们的"生活世界"（Lebenswelt）② 变得更加令人困惑。

当今，"为了追求高深学问"的人们集聚在一起，形成了多元的价值观和思想，这与立法者热爱和谐的思想格格不入，因为多元性可能威胁到公共利益，并导致对个人的冒犯，立法者对此颇有反感和不屑。另一方面，这也给大学（不管新的还是古老的大学）提供了成功地迎接挑战、独树一帜的机会。从这方面看，大学是幸运的，因为大学数量如此之多，且各不雷同，在每所大学内部，还有众多的科系、学院、学派、思想流

---

① 卡尔·冯·克劳塞威茨（Karl von Clausewitz，1780—1831），德国军事理论家和军事历史学家，著有《战争论》。——译者注
② "生活世界"的概念强调我们周遭的世界是一个被经验的世界。在胡塞尔（Edmund Husserl）看来，"生活世界"是所有认识探索的基础。——译者注

派、对话方式甚至不同流派的"流行观点"。大学的幸运之处还在于,尽管有那么多自诩的救世主、智者、好心人在指手画脚,试图与大学抗衡,但它们最终还是无法与大学相比,它们无法在同一标准下与大学匹敌,更重要的是,它们无法在整体上与大学匹敌。

只有这样的大学,才能为这个由不同需要、无限可能性和无限选择性组成的世界提供有价值的东西。在这个世界上,没有人可以预料明天需要什么专业知识和技能,我们也无法预料有什么对话需要调解,有什么信念需要解释(尽管在这些方面有"未卜先知"者,但其结果要么是于事无补,要么是以惨败收场),因此,制定从事高深学问的多样化标准,是大学系统迎接后现代挑战的基本条件。

如果我这里是在做一份兼有"平庸""争议性"和"危言耸听"诸多特征的声明,同时又希望人们就这份声明达成共识,推动新的、具有普遍意义的学术自我意识,那么我还是放弃宣扬这里的理论。在这一章中,我没有这样的意图和希望。如今"古老"与"新兴"大学之间的区别,不久将有其他更清晰、有意义的划分方式,但是我的社会学良知不会让我阻止不同的、传承下来的和新兴的关于大学及其战略的思想继续共存,我也不会阻止这些思想就目标问题展开争辩——因为最终,这样的争辩能推动文化创新。我想,问题的来龙去脉大致如此,不论我们计划做什么,让我们以此为起点吧。

第三章 场所的必要性

克里尚·库马尔

合理性的丧失

齐格蒙特·鲍曼雄辩地指出了坚持旧的大学功能的困难，也指出了"拥抱"新的大学功能的危险。在一个快速变化的社会里，各种技能在被人们充分掌握之前就已经陈旧无用了；现在已经不存在被普遍认同的、可以系统发展和传授的知识；大学不再像从前那样拥有传授知识和技能的垄断权（如果大学曾经拥有这样的垄断权的话）。与此同时，在新的市场分配格局下，大学对市场及其商业制度的模仿行为，将注定以失败而告终。大学既没有强大的组织资源，也没有合适的人力资源，无法与那些条件优越且更富经验的私人商业机构展开竞争。当大学像洗衣粉生产商那样，不断采用一些千奇百怪的市场营销策略相互竞争时（这样的营销策略在大学的宣传广告中随处可见），大学变得滑稽可笑和令人厌恶。安德鲁·戴维斯（Andrew Davies）的电视连续剧《怪异的行为》（*A Peculiar Practice*）或者弗兰克·帕金（Frank Parkin）的小说《灵肉商店》（*The Mind and Body Shop*）曾对大学生活做过虚构性描述，现今大学生活却呈现出一派更具悲喜交加色彩的现实图景。

大学所拥有的令人羡慕的文凭垄断权，是否就是鲍曼所谓知识的"交换价值"呢？在技能快速更替和急需"灵活性"的年代，大学很难保持这种垄断局面。这一点上也许鲍曼是正确的。对学位的垄断降低了学位持有者实际掌握的技能和知识的价值。事实上，文凭垄断从来不是大学优越地位的真正源泉——至少在现代不是。确立大学地位更为重要的因素，是这样一种信念，即，大学选拔和发展了拥有合适的道德情操和精神品质的人才。大学被认为是最高的教育层次，选拔大学毕业生进入传统的公务员阶层，或成为英国广播公司（BBC）的一般职员，都源自上述教育信念。这种观点认为，不管大学生学习什么专业，入学时他们都具备了承担多样性任务所需的才能和创造力。如果要培养专门的技能和知识，最好在实际工作中通过积累经验或集中的培训课程获得。在现今技术迅速更新换代的环境下，这样的看法似乎比那种理想化地照搬联合利华公司（Unilever）或马狮公司（Marks & Spence）的运作模式和组织形式更加务实。

需要特别指出的是，在教育过程中，大学职能总是被误解。大学不能塑造更不能培育外部机构所需的各种能力和态度。要完成这样一项艰巨任务，三年的英国本科教育是远远不够的。然而，大学过去是——现在仍然是——来自不同家庭背景、学校教育和社会阶层人才的荟萃之地。大学提供的环境可以让这些人找到发展的空间和机会——通常，这些发展空间远离正式的学术课程。正是这一点（而不是正规课程），让大学卓尔不群。身为大学教师，我们常常惊讶地发现，学生们从彼此身上学到的东西，比从我们这里学到的更多：知识传授者正受到越来越多的质疑，他们作为"知识仓库"的地位也值得怀疑。

假如事实果真如此，那么在信息时代，大学需要以适当的方式继续证明自己存在的合理性。大学确实面临来自其他渠道对信息和知识的竞争。知识本身确已变得碎片化，"永恒的价值"不断受到挑战，多元主义和相对主义盛行于各个领域。假如大学的目的仅仅是传递知识或不朽的价值，那么，我们将很难回答这样的问题："为什么花巨资办大学，最后却成为社会中的落伍者？"在如何低成本而高效率地传播各类知识方面，开放大学是一个令人称道的典范，该大学的学生数量远远超过传统大学。

我认为，鲍曼不会同意这种解决问题的方案。面对"后现代"的背景,他提出了后现代式的建议:让百余所(或更多)各类英国大学自主发展,政府不必确立大学课程标准,也不必建立统一的中央管理机构。否则,在变化无常、不可预知的环境中,大学将失去必要的多样性——这种多样性可以让一些(我们无法预知具体的数量)院校和学科自主地传授各种有意义和创造性的技能和知识。

我理解这一观点,但是感觉它给大学留下了太多的隐患——更具体地说,这只是政客们的突发奇想。这一观点虽然认可了当今社会的多样性(但这种多样性正在逐渐消失),却没有明确将来如何保持这种多样性。在目前的经济和政治重压下,大学似乎只能互相模仿,寻求共同的标准和最佳性价比的策略。这将不可避免地导致适者生存的"达尔文效应"(Darwinian Effect),只有那些最善于利用当前政治和经济环境的大学才能发展——同时,有些大学则将消亡,就像那些曾独霸天下、最后留在化石上的各类物种。

场所的重要性

如果我们希望大学独善其身,而不是希望其他机构取而代之,听任这些机构超越大学,那么我们必须守护大学的独特性。如果在信息社会,每个人都是潜在的学生——大家都能从全球范围学习知识和信息,那么大学就不能拘泥于传道授业的功能,而需要另辟蹊径。大学应该成为人生中的一个个驿站。在这样的大学里,无论长幼,大家都能学做或反思一些事情——而在生命中的其他时间里,他们可能没有这样的机会。这样的学习最好在集体和寄宿的环境下进行,而不是一个人闭门造车。从这个角度出发,我们可以解释为什么开放大学虽然在许多方面胜人一筹,却无法成为其他大学的楷模。

现在大学的优势之一在于:它们是社会上唯一的学位授予机构(虽然其合理性值得怀疑)。只有大学才能颁发对于多数人来说是稳定、舒适生活通行证的学位,当然这里不包括像约翰·梅杰(John Major)和理查德·布兰森(Richard Branson)这样的人。[①] 学位并不能确保你万事大吉——在今天,获得学位仅仅意味着你生活的一个起点。但是,这个起点十分关键,若没有大学学位,你甚至无法走出第一步——即使起步了,也将遇到重重困难和风险。

我们可以利用这种垄断权,重新强调或确立大学最力所能及的职责。如果大学仅仅以传授知识和技能为己任,那它的垄断地位就岌岌可危。或许我们可以在一段时间里维持这样的地位,但终将被其他力量瓦解。我们必须坦承,真正维护大学地位的是这样一种学位:它被授予那些参加特定文化和社交活动

---

① 约翰·梅杰在20世纪90年代曾两任英国首相,理查德·布兰森是英国著名品牌"维珍"(Virgin)的创始人。两人的共同之处是都没有大学学历。——译者注

的学生。人们现在常常提到的"课外活动"(extra-curricular)必须被作为大学生活的真正核心和大学存在的主要理由而得到重视。

大学是群贤毕至之地。在大学里人们可以自由地交流思想，而社会上却没有这样的自由。教师可以促进这样的交流活动，图书馆则可以帮助深化交流。当然，在信息时代，教师和图书馆的作用正受到巨大威胁。教学中的个性化品质自然弥足珍贵，它是守护大学的一道防线，但在大众化教育和大班化教学的今天，这样的品质不再像以前那样强大了。[①] 再者，人们并不清楚，借助新媒体技术所提供的教学——特别是那些包含互动环节的教学——其质量是否明显逊色于教师所提供的教学。就图书馆而言，只要拥有个人电脑，人人都可以在家里浏览世界上最好的图书馆。大学离不开图书馆，而图书馆则不一定需要建在大学里。

无望的辩护？

人们常说，大学的功能并不在于随波逐流，而在于逆流而上。正是这样一种信念，确保大学能够保持和发展高雅文化，

[①] 当今社会，多数大学生对于如何在远程条件下做到全神贯注并没有经验，机器学习的非人性化现象似乎在所难免(Rothblatt, 1996)。——作者注

抵御商业、政治和世俗生活的侵蚀。在亨利·纽曼、马修·阿诺德和弗兰克·利维斯（F. R. Leavis）看来，这样的大学愿景富有影响力和吸引力。从这个角度看，大学是商业及世俗海洋中一座文化和高尚思想之岛。①

现在，这一防线濒临崩溃。在大学主要培养文化和政治精英的年代，精英主义思想易于被精英主义社会所接受。然而在当今大多数社会里，这样的思想行不通了。现在社会上有三分之一到二分之一的适龄青年都能上大学，庞大的大学生数量动摇了精英主义思想。在这一问题上，鲍曼一针见血地指出，关于高雅文化的组成要素，已不再存在统一的认识，即使高雅文化曾经为世人向往，如今人们也不会异口同声地认可这样的文化。

如果高雅文化的式微仅仅发生在当今的社会而非大学本身，这也许还无关紧要——至少从目前看是这样的。这样，大学还能够一如既往地对社会宣称："任后现代社会自行发展吧。让商业和文化沉瀣一气吧。让混乱的文化释放自己的力量吧。我们仍将坚守高雅文化的阵地，我们将珍视'伟大传统'，并努力将其传递给一代又一代的学生。假如学生们更加痴迷于电子游戏而不是文学名著，这确实令人扼腕，但也并非世纪末

---

① 每隔一段时间，大学功能的问题就会被重新提起。参见米诺格（Minogue，1973）和更少保守思想的巴内特（Barnett，1990）的有关论述。应当指出，大学功能问题与工业主义时代直接相关——在几个世纪前，大学为教会或政府培养人才，后来大学教育的功能拓展到了培养会计师和市场营销经理。——作者注

日。作为学者,我们将辛勤耕耘先人遗留的伟大遗产,我们将尽最大可能保护这些遗产,直到社会恢复自己的理性。"

但是,即使这一情况在政治或经济上是可行的,它也不再是一个现实的选择。后现代的转变(如果存在这样一种转变的话),对大学的影响甚至比对社会的影响更为深刻。毕竟,后现代理论发轫于学术界,并在学术界得到精心培育和蓬勃发展。不同种族、民族、性别的团体对正统课程提出了批评,他们要求建立属于"自己"的学科和学系;非基督教的宗教团体攻击西方多数大学中基督教文化的一统天下,呼吁在教学内容和方式上承认其他宗教文化的独立地位;许多人文、社会科学的研究人员对那些作为大学理性文化准则的所谓真理和客观性提出了根本性的反对——所有这些都削弱了高深学问优越而广为认同的传统,而正是这些传统构成了"核心课程"的基础,也构成了能适合所有师生需求的思想基础。现在仍然有人在勇敢地维护芝加哥大学在20世纪30年代确立的围绕名著(great books)阅读的核心课程,不过从现在的种种迹象看来,这一课程的未来岌岌可危。①

即使我们不能坚守大学作为高雅文化传承使者的地位,大学仍然有可能以文化探索者和建设者的身份而立足社会。这就

---

① 在这方面,美国总是领先于英国——参见载于1993年秋第122卷第四期的 Daedalus 中关于"美国的研究型大学"专题的文章,特别是尼尔·斯梅尔塞(Neil Smelser)和约翰·瑟尔(John Searle)所写的文章。虽然要建设和捍卫基于理性主义传统的课程困难重重,但这并不意味着不应做这方面的尝试,也不意味着这样做是不合理的。——作者注

要求大学超越正式的教学功能，超越大学教师和管理者作为真理、品味和标准指引者的制约。当然，我们还是需要履行教学和研究职能，我们依然需要用学科来划分（有时是强行划分）知识领域的疆线。我们需要在形式上回应巴杰特①的思想，并象征性地保持现有的管理结构，以延续大学生活。但是，我们需要用更多的时间讨论教学方法问题，用更多的时间思考学科的内涵和学科之间的界线问题，以及如何在"四平八稳"的课程体系中融合不同学科的问题。虽然学生可能需要教师的激励，但是他们依然可以独立学习；而学科的出现原本只是历史长河中的偶然现象，它们不值得人们费尽心机地去捍卫其地位。对教师和学科问题，我们应该采取顺其自然的态度，不要太把它们当一回事，不要以为教师的教学风格和专业能力，或精心组织的课程，对大学价值不可或缺。

在一个信息化或后现代的时代里，大学不再拥有知识传播的特权。在知识传播方面，现在有太多的竞争者。正是在这个意义上，我强调大学教育应该有其独特之处。大学一直（或者应该是）有别于其他社会机构。大学不应该成为培养未来医生、律师、工程师、经理的地方，甚至不应该培养专业的社会学家和经济学家——至少不应如培养医生、律师那样实施大学教育。这些事情应该留给职业学校和研究所去做，它们更胜任

---

① 沃尔特·巴杰特（Walter Bagehot，1826—1877）是英国著名的商人、作家和新闻工作者，著作广泛地涉及文学、政府管理和经济等问题，被称为社会达尔文主义者。——译者注

这一工作——在那里，培训和实践可以恰当地结合起来。

一个特别的场所

我想强调大学生活"非正式"的一面，不是将其视为大学的附属物，而是将其视为大学的主要特征。在其他机构承担了许多传统的知识传播功能的时代，尤其需要强调大学的这一特征。我希望大学是聪明、有活力和不同年龄的学生随时可以接受教育的地方，一个能与他人一起在口头表达、写作、表演、游戏、想象力和身心各方面都得到共同发展的地方。而在他们一生的其他时间，或者任何其他地方，他们都不可能毫无工作和家庭的牵挂，找到那么多时间和资源来做这么多事情。大学的确是这样一个地方：那里的楼宇和草地能为教师和学生追求自己的理想提供便利的物质空间。为了充分利用这些大学资源，学生有必要住在校园里——最好成年累月如此。任何其他形式的安排都不能理想地达到大学的效果。从这点看，"居家大学"（home-based university）存在名不副实的地方，这样的大学教育是不充分的，那些通过互联网把学生连接起来的新型"虚拟空间"（cyberspace）或虚拟大学也存在同样的问题。这种"个人化大学"（privatized university）——学生之间、师生之间通过电脑终端进行联系——是"个人化社会"（privatized society)的一部分，在这样的社会里，社会的公共空间被不断压缩，越来越多的活动转移至家庭这个私人空间里进行（参见Kumar，1997）。

威廉·莫里斯（William Morris）曾经说过，一个人能够从牛津大学获得的良好教育，也可以在任何其他地方获得（莫里斯本人在牛津大学几乎没有从老师那儿学到什么东西）。在英格兰，没有地方可以像牛津城（city of Oxford）那样给人以良好的教育机会。在我看来，这就是问题的关键。莫里斯比较了纯粹的牛津学术生活和通过居住于此、探访无数美丽建筑（当然包括城中大学）而获得的教育——更别提在城市周围的乡村的生活经历了。为了达到吸引读者的效果，莫里斯在乌托邦式的浪漫小说《乌有乡消息》（*News from Nowhere*）最后部分作了一个比较：一方面是泰晤士河边的美丽建筑和迷人的乡村景色，另一方面是河岸边的学校——著名的伊顿公学和牛津大学（可喜的是，现在这些校舍都成了向公众开放的图书馆）——里的迂腐和百无聊赖。莫里斯心目中的教育，不仅仅是智力的培养，更是心灵和精神的熏陶。为此，我们需要一个特别的地方，拥有充裕的学习时间，携手志同道合者分享这一探寻的过程。并非每个人都能像莫里斯在牛津大学那样幸运，可以找到像伯恩-琼斯（Burne-Jones）或福克纳（Faulkner）这样的终身至交或合作者，但大学校园还是人才辈出的地方，这足以证明：在培养和促进个人兴趣方面，我们需要大学的经历和大学里的伙伴。

别处的一所大学让我想起莫里斯的话。最近我刚搬到弗吉尼亚大学，该大学位于古镇夏洛茨维尔。19世纪初，托马斯·杰斐逊创办了这所大学（这是杰斐逊希望被人们记取的三件事之一，另外两件不包括他两次当选为美国总统）。杰斐逊规划并细致地监督了这个"学术村"（academical village）的建设过程，包括学生宿舍、教员公寓、食堂（"旅馆"）、花园及校园的草坪这样一些细节。在几英里外蒙特卡罗山顶的家里，他能用小型望远镜观察到大学每天的建设进展情况。最后，整座大学建造得如其他大学（或者公共建筑）一样令人满意：师生宿舍、旅馆、羊肠小径及花园错落有致地环绕着绿荫遮蔽的中央草坪，而一座帕拉第奥风格（Palladian）的圆形建筑（当初的图书馆）是整个建筑设计的亮点，它与周围环境达成了一种极佳的平衡。杰斐逊并没有忽视这所新大学应该追求的学术工作。他设计了融古典和现代学科于一体的课程系统，其中的人文主义反映了启蒙运动的哲学思想。弗吉尼亚大学也是新生共和国的第一所世俗大学。杰斐逊很清楚，大学的空间设计是大学教育必不可少的部分，弗吉尼亚大学把多变的建筑风格和花园从教工的私家转移到了面向所有人的空旷的绿色空间，而把"旅馆"变成了学生及其客人居住的地方。杰斐逊认为，生活在这样的环境中，学生们将习得"品味和教养"。杰斐逊把从意大利进口的卡拉拉（Carrara）大理石①，以"具有教育意义的材料"（educational material）的名义用来建造其中的一幢房子，其用意并不仅仅是为了节省弗吉尼亚纳税人的关税。

无论是否用"后现代"一词来描述我们这个时代，可以明确的一点是，现时代与19世纪现代大学功能的基本思想确立时已大不相同。19世纪的大学在很多方面放弃了早期的中世纪大学的观念，它的出现是对工业化和现代化的一种反应。大学并不对抗这些发展，但它们会与这些发展趋势审慎地保持距离。它们的功能是传承高雅文化，使之不受现代化的冲击——并不是回避现代化，而是批判性地参与其中。正是在这种背景下，洪堡、纽曼和阿诺德阐述了他们各自有影响的对大学使命的看法。

随着现代化的发展和大学职能的日益增多，尤其在经济和技术发展中科学研究重要作用的凸显，大学愈加接近社会的中心。有人指出，必须推翻横亘在大学和社会之间的围墙。在这种背景下，我们看到有人提出了"巨型大学"（multiversity）这样的概念。克拉克·克尔是其中特别积极的代表，他指出（1963，第41页）：

> "大学理念"中的大学是一个住着僧侣的村庄。"现代大学理念"中的大学是一个由知识分子垄断的"小

---

① 米开朗琪罗用来雕刻其名作"大卫"的材料，就是这种产于意大利托斯卡纳大区的卡拉拉大理石。——译者注

镇"——这是一个单一产业（one-industry）的城市。"巨型大学理念"下的大学，则是一个充满无限多样性的城市。有些人会迷失在这个城市中；有些人则登上城市的顶端；更多的人生活在众多的社会亚文化中。比起村庄来，"城市"里的人们较少有社区感，也较少有束缚感。与小镇相比，"城市"的目标意识不强，却有更多的方式出人头地。同时，在"城市"里有更多无名者的避难所——那里既收容创造者，也接纳流浪汉。与"村庄"和"小镇"不同，随着"城市"的逐步发展，它更像是一个"文明综合体"（totality of civilization），"城市"本身成为文明进程的有机部分，"城市"与周围社会的交流也在不断加速。

尽管巨型大学的概念被当代激进主义者嗤之以鼻，认为这是屈从于政府和大公司的机会主义，但实际上，克尔的巨型大学理论恰如其分地描述了第二次世界大战后数十年间大学发生的变化。一贯远离社会的大学卷入了喧嚣的日常政治和经济生活之中。学者们成为政府和公司的顾问，科研人员参与到大规模的、由公司和政府共同出资的研究项目中。大学，特别是它的研究功能，对发达工业社会的进一步发展愈加重要。正是在这种社会环境下，一些社会学家（如丹尼尔·贝尔）提出大学是正在兴起的"后工业社会"的"轴心机构"。

具有讽刺意味的是，大学在参与当代政治、经济制度的同时，传统上大学与世隔绝的藩篱被打破了，而同时大学与这些政治、经济制度间的密切联系也遭到了破坏。后工业社会进入后福特主义时期（也就是后现代阶段），社会的巨大发展破坏了大学作为新知识的创造者和研究与培训权力中心的特权地位。大学需要与越来越多的各种专业机构竞争，这些机构依靠新的信息技术和明确的经营理念，能够为政府和企业提供堪与大学媲美的甚至品质更佳的服务。

有鉴于此，大学必须停止模仿其他机构，放弃其他职能，专心致力于它们仍然擅长的服务职责。在日益家庭化和个人化的社会里，大学是少数存留下来能够吸引人们走出私人空间的机构之一——它鼓励人们参与共享的公共活动。尽管学生的大学时光短暂，但意义重大。从这个意义上说，大学必须坚持区别于社会其他机构的特质。这不同于19世纪人们所认为的那种"区别"。也许，纽曼、阿诺德及其他人的觉察是正确的：他们敦促大学不屈从于当下时代的需要，而要走自己的路。最后，正如他们也相信的那样，社会自身也将意识到，唯其如此，大学才能更好地服务社会。

第四章　后现代大学？

彼得·斯科特

引　言

要理解当今大学，我们可以从普遍性的、严肃的问题开始，最后落实到特定的、常规性的问题和政策。这样的问题俯拾皆是，当然其答案依然模糊不清。第一个问题——通常也是人们思考的起点，关于后现代世界中知识的特征——我希望这不是一种矛盾的说法，因为在日益纷乱的知识文化中，"特征"一词意味着某种规律性。然而令人费解的是，当我们逐渐步入"知识"社会的时候，知识本身似乎变得越来越不确定、富有争议和令人难以捉摸。第二个重大的问题涉及知识分子的角色，在不太崇尚理论的英国（更准确地说，在英格兰），知识分子的角色没有明确的归类。苏格兰的乔治·戴维（George Davie）所谓的"民主知识分子"（democratic intellect），并非纯粹的怀旧神话（Davie，1961；1986）①。在本文中我认为，知识分子曾经是知识专业化的首当其冲者，而现在又是知识"去机构化"（deinstitutionalization）的主要部分。第三个重要问题涉及大学参与或远离公共政策的辩论。就在上一代，特别是在撒切尔时代，大学自治和精英力量之间的传统平衡被打破了。现在大学必须重新调整参与公共政策的方式，同时，大学还需要应付棘手的精英力量，因此大学将面临日益严重的政治危机。

第四个问题是关于高等教育和经济关系的。过去，这一关系总是潜在地占据着学术讨论的主导地位，现在更是被看作是影响大学未来发展的决定性因素。如今，大学不但肩负文化创新的任务，也是经济财富的创造者；同时，随着全球性竞争力代替军事竞争力而成为国家成败的标准，高等教育也成为十分关键的领域。第五个问题没有前几个问题那么宏大，是关于"毕业生质量"（graduateness）的，即我们对大学毕业生质量的期望或要求。民主化的一个结果是：社会对工作技能的严格要求有所降低，这似乎与社会高度专业化和高技术性的要求相矛盾，而且与劳动力市场的灵活性与技术适应性的要求相

---

① 在《民主性知识》（1961）一书中，乔治·戴维指出，苏格兰大学曾经强调哲学的地位，强调理论、思想和广博知识的学习，后来这样的传统逐步消失了。乔治·戴维呼吁建设一个广泛的学术社区，让智者和求知者更好地进行对话。——译者注

矛盾。

上述分析思路,从规范性的原则开始,逐步落实到操作性的结论,这在逻辑上看无懈可击。然而,现在所有的线性逻辑(logical linear flows)都值得怀疑。另一种方法是:综合运用认识论、社会学、经济学、政治学、技术学等各种视角。现代大学的认识论并不能替代我们对大学的社会学解释,反之亦然。它们之间(以及与其他视角)的相互作用是一种动态的自反性(reflexivity)关系。游移不定的(后现代的?)知识框架、大众化教育的发展、学术工作的转型、知识分子从高等教育向大众媒体的跨越,教育、技能及就业之间的新关系、大学生经验性质的变化——所有这些现象之间存在有机的联系,我们不能认为它们只是不相关的偶然事件,也不能认为它们之间是一种简单的逻辑序列关系。

就像所有出色的理论一样,这一章的论述也分为三个部分。首先,我将论述大学的社会学基础和学术文化所发生的根本变化——用一个简单的词来概括就是,高等教育大众化。大众化高等教育的一个意义深远的影响,就是关于"毕业生质量"(或许这个用词不是很妥帖)观点的深刻改变。其次,我将讨论社会和经济领域同样深刻的变化,用一个同样不太贴切的词来概括就是"后福特主义"(post-Fordism)。很明显,大学的转型仅仅是社会变化的一个缩影,是 20 世纪末世界全面现代化的一个关键部分(Scott,1995),由此带来了市场对高技能和"专家型"专业知识需求的转变。最后，我将评价在新世纪中，高等教育大众化和后福特主义将如何共同影响社会对大学毕业生的期望和要求。

大众化高等教育

关于英国是否已经建立了大众化高等教育系统，人们仍然有争议。怀疑者指出，大多数年轻人仍被排除在高等教育之外。尽管目前大学录取率达到了三分之一，然而只有四分之一的高中毕业生进入大学或者其他高等教育机构。怀疑者还指出，20世纪80年代后半期，学生人数开始增加，导致高等教育系统的规模扩大了近一倍，但到了90年代早期，由于新的"合并"（consolidation）政策的实施，学生人数又开始减少。从这一意义上看，传统的精英高等教育模式依然在延续。怀疑者进一步指出，虽然数量扩张十分显著，但基本的学术价值和机构性质并未随之发生本质变化（Wagner，1995）。英国（至少是英格兰）的"优越性"（exceptionalism）思想源自田园式的、强调亲密关系的学术思想，它反映了英国民族文化中具有阶级性的社交特征。这一思想根深蒂固，至今鲜有改变。

虽然上述论点具有启发性，但与之相反的证据更令人信服。英国高等教育系统大众化的现实可以从以下五个方面来说明。首先是近来学生增长的比例。适龄人口的入学率从1987年的17％增长到1995年的32％。根据最通行的高等教育系统分类法，大学入学率低于适龄人口15％为精英教育，超过40％则为"普及"教育（Trow，1973）。在短短十年间，英国高等教育从明显的精英系统，发展成一个即将跨入"普及"阶段的高等教育系统。从国际标准来看，由于英国高等教育系统的资源浪费率相对较低，目前英国每年大学生的毕业率高于法国或德国。如果曾经有人认为，与其他发达国家相比，英国高等教育系统更具学术竞争性、社会地位的排斥性，数量发展不足，那么这样的论断现在已经站不住脚了。

高等教育规模的扩张带来了一系列后果，并产生了连锁反应。其中之一就是，虽然大学在批量生产毕业生，但看似无差别的高等教育系统，实际还是存在分层的，这让那些毕业于精英院校的学生依然保持了在人才市场上的地位。然而，精英教育和精英行业之间的必然联系被削弱了（Brown and Scase，1994）。本文稍后将进一步讨论这一变化。规模扩张的另一个后果是，高等教育赋予学生的优越地位已经大大降低。这种变化强化了教育的功能主义和学生的工具主义思想。大学生地位优越性降低后，他们对其他竞争优势的争夺变得更加激烈。当然，对于不同层次和类型院校而言，这种影响是有区别的。一个更深层次的后果是，大学毕业生过剩不再是一个遥不可及的问题。虽然英国工业联合会（Confederation of British Industry)、英国工业和高等教育委员会（Council for Industry and Higher Education）以及其他经济"压力团体"积极倡导提高大学入学率，大学毕业生的传统市场显然已经饱和。因而，大学毕业生就业市场正经历剧烈的变化。

英国高等教育大众化的第二个方面表现，是生均成本明显降低。1990年以来，全国高等教育系统的生产率提高了25%以上（Watson，1996）。与那些先期步入大众化高等教育的国家一样，伴随学生数的增长，英国高等教育的生均成本也呈下降趋势。这印证了这样一个观点，即大众化高等教育系统的经济运行方式与精英教育系统全然不同。鉴于大众化教育系统依然存在精英院校的现实，要在整个高等教育系统全面降低成本，并不现实，但在目前英国高等教育的拨款制度下，那些顶尖大学已经很难延续它们传统的"特殊地位"了。因此，认同大众化已发生的人指出，与国际上其他著名大学相比，英国顶尖大学的竞争力也受到了挑战。

虽然我们还缺乏相关的研究，但可以肯定，高等教育大众化已经对学术和院校文化产生了深远的影响。随着大学日益强调生产率，学术劳动过程的强度显著提高，大学科研也更强调实际产出，英国高等教育闲庭信步式的传统已难以为继。另一方面，尽管人们可以认为，高等教育生产率提高的压力，主要由那些受传统影响较少的院校承担，但传统的遗风使得英国的大学和学院比其他国家的教育系统更难以适应这些变化。教师劳动强度变化的一个明显影响是,生师比迅速提高,教学方面越来越强调以学生为中心的学习和自我评估。而潜在的影响可能包括:师生之间、学术同行之间的私人关系日益淡薄,取而代之的,是更加官僚化的咨询、指导、质量保障等制度。这无疑将导致学术团体理念的销蚀。

英国高等教育大众化第三个方面的表现,是院校规模的变化。过去学生数超过一万人的大学十分罕见。规模稍大一些的院校,会进一步划分为许多小的机构(如牛津—剑桥模式的学院,或者大学联盟下的小学院),否则会被认为不利于营造学生和学者之间自由交往的环境,而松散管理被认为更有利于保护院校自治和学术自由。在20世纪60年代初,罗宾斯委员会就建议扩大高等教育规模(Committee on Higher Education, 1963)。很明显,规模的巨大扩张必须要靠建立新式大学或者发展现有的继续教育学院来实现。引人注目的是,近来高等教育的扩张,并没有带动新兴教育机构的诞生。相反,原有高等教育机构接纳了更多的学生。结果英国一些大学的规模接近或者超过了两万人。虽然,以其他国家大众化高等教育系统的标准看,这样的学校规模并不算大,但是这方面英国高等院校正在"迎头赶上"(虽然变革的步伐暂时缓慢下来了,但高等院校仍需要进一步的合理化改革)。

大型高等教育机构的出现导致了两个后果。其一,在前面讨论到的两方面变化——入学机会拓宽和生均成本下降——的共同影响下，大众化大学接受了越来越多来自多样化社会背景（非精英阶层）的学生，同时学费也更加低廉，这两方面因素极大地妨碍了古老学术文化的传承。"要素主义"（essentialist）原本是区分大学与其他形式高等教育的界限，如今成为区分高等教育与其他形式教育的界限。要素主义在很大程度上倡导传统文化，而现在这一主张已经受到了削弱。这也是大众化高等教育的一个基本特征——认为要素主义（与功能主义对立）思想是逆历史潮流的。其二，人们对巨型大学的认同（甚至狂热追求），以及小型学院中人们的脆弱感，都预示着院校文化的重大转变。学术团体的理想和对学院生活的归属感都在消退，在大众化高等教育机构中，这两者都难以为继。相反，院校管理者的形象和权力日渐隆盛，这是因为大型院校要求管理者具有更强的经营能力。这同样是大众化高等教育体制的特征之一。

英国高等教育大众化的第四个方面的表现是：从政治和组织的角度看，现有统一的体制中并不存在差异性，但实际上，受市场的影响，英国高等教育还是分层的——有些院校的地位因袭了传统的声望，而有些高校的特征更加多样化。目前的统一体制是1992年实施《继续和高等教育法案》（Further and Higher Education Act）的结果。该法案提出将多科技术学院升格为大学，同时为要扩招的大学和其他高等教育机构建立共同的结构和资助体制。（苏格兰和威尔士则建立了独立的统一体制。)从表面上看,大众化与统一的高等教育体制之间没有必然的联系。许多国家的高等教育体制(特别在美国)被正式划分为不同层次的院校。(几乎所有国家都正式划分了高等教育系统的层次,私立院校则是根据声望而被非正式地划分为不同等级。)在欧洲大陆,二元结构的高等教育体制明确地区分了大学和高等职业教育,这一模式依然在沿袭。

然而,上述建立了大众化高等教育体制的国家,都强调对高等教育的集中规划。相反,新近发展起来的英国高等教育大众化体制,是建立在这样背景下的:统一规划的信念已经被基本抛弃,取而代之的是对市场运作的依赖。另外一些国家也出现了类似的趋势——在那里,国家将权力下放到大学,有关规划和协调机构的作用被弱化了(有时这一过程是偶然的,有时则是有意为之),院校之间的竞争得到鼓励。瑞典和荷兰或许是权力下放实践的最好例证。而在美国的一些州,全州范围的高等教育协调力度有所减弱(通常,最好的州立大学可以自由地与私立院校进行面对面竞争)。英国主要依靠市场手段实现高等教育的分化,而不是靠规范进行高等教育的分层。从这一角度看,英国并非被动的追随者,而是潮流的引领者。

统一性体制和市场导向的改革产生了一系列结果。其一,激发了大学之间的竞争意识,其激烈程度远远超过了拨款制度预期的水平。现在大学似乎已经完成了向公司经营思想的转变,其中最显著的变化是市场营销行为在大学的兴起(Smith *et al.*，1995)。其二，原先稳定的院校地位格局已经被正式打破，市场分割应运而生，大学纷纷占领对自己有利的市场。第三个相关的结果是：院校渴望提升自己对潜在学生（通常被视为"顾客"）的吸引力。在决定高等教育入学机会时，顾客选择和学术选拔是同等重要的决定因素。其四，开始强调绩效的提高，因为在统一和市场导向兼备的体制下，预算需要基于对于准合同（quasi-contracts）的执行情况（也就是要视实际产出而定），而不是对原先拨款水平的滚动重复（通常视历史上的投入水平而定）。从院校角度看，这些变化给学校发展带来了更大的不确定性；而对学生而言，他们需要面对多元化的院校格局——学校不再按照传统方式分类，其地位处于不断分化中。

英国高等教育大众化的第五个（也是最后一个）结果是传统的"科学"文化逐渐没落，不但那些反映精英学生志趣和抱负的文化—智力"标准"消失了，而且认知理性价值观所倡导的普世主义思想（universalism）也遭到了越来越多的怀疑。这一结果有诸多根源：第一，长期形成的认识论上的怀疑主义，到了后现代更加活跃和无孔不入；第二，人们意识到，仅靠科学技术已不足以解决危机之类的问题；第三，多样化背景的学生需要更有针对性的高等教育形式；第四，强调科学的应用性和知识的情景化（contextualization）（Gibbons *et al.*，1994)；第五，流行文化大行其道，精英文化全面溃退。通常这些文化、智力和科学方面的现象并不是导致大众化高等教育发展的直接因素，但是这些现象与现代大学的社会开放性或多或少存在联系。

传统的"科学"文化（确切地说，是传统科学文化中的认知价值观、社会实践和机构形态）的解构与所谓的"知识社会"的兴起之间存在更密切的联系。根据标准（但或许有些肤浅）的说法，原先以阶级或性别为基础的社会分层，现在逐渐被有差异性的学历认证所取代（或补充）；另一方面，经过加工的知识，如今成为重要的经济资源。在这样的社会里，知识机构可以大有作为，它们的地位也随之提高，而在这些机构中，大学无疑独占鳌头。但换一个更为具体的角度，"知识"社会的发展又与另外两种现象紧密联系——这让大学不乏忧虑。首先是新型"知识"机构的出现，它们并不具有大学那样的学术和专业社会化的特点，但明显与大学构成竞争之势。其次，无论从概念还是操作意义上看，"知识"的内涵已经超越了学术或科学的范畴，具有了更为广泛的意义。

就目前（以及在可以预见的将来）的组织结构看，我们很难说大学有能力生产和驾驭新的、社会分散化的知识（socially distributed knowledge）。（这些新的知识形态，已经超越了"应用"科学或者技术"转移"的范畴——这些陈旧的词汇是对知识生产方式的过时的描述。）如果知识再生产局限在学术的（或社会的）等级制度中，那么知识的"优越地位"就难以为继了。同样，如果单纯的技术是最行之有效的手段，拥有知识也就不能成为"行家"。因此，在新的大众化阶段，大学不能保证学生获得"特权"知识，因为这样的知识已不复存在；同样，大学也不能保证把学生培养成适应不同专业分工的"专家"，因为认识论方面的不确定性和劳动力市场的重新整合，已经打破了传统的劳动分工格局。

后福特主义及其他

高等教育大众化发展并不是一个孤立的现象。它是现代世界后期更广泛、更深刻转型的一部分。这一转型从根本上改变了人们对大学毕业生（特别是高等教育本身）的期望。有关这一转型，有两种粗略的描述。一种是简单地贴上"后工业主义"的标签。这一思想源自技术决定论。创新和生产力提高是两大重要的变化或"浪潮"（目前是第五次浪潮）。如同20世纪中期的石油和维多利亚时期的煤、钢铁那样，"知识"（一般指信息技术）被看作是20世纪晚期的基本资源。在后工业主义看来，相对于技术变革而言，社会变革是附属的。正如两位著名的科学政策分析家最近撰文指出的那样，第五次浪潮是微电子的胜利，它要求"社会行为和制度进行全方位的调整"（Freeman and Perez，1988，第59页）。同时，这种改变在本质上是线性的。机器中蕴含的仍然是"技术灵魂"。

第二种对社会转型简单化的描述是"后福特主义"（Amin，1994）。这不仅意味着生产力创新带动了占主导的生产模式的转变，更意味着一系列的"抛弃"——无个性的批量生产被抛弃了；从一而终的生涯发展（实际上只是"工作"）被抛弃了；阶层化（和稳定的）社会结构被抛弃了；由历史因素决定的个人身份被抛弃了。换一个角度看，这些"抛弃"是政治、社会和文化规范变化的产物。后福特主义是经济现象，同样也是文化现象。它缺乏规律性，并随时在"走回头路"。工业社会和后工业社会之间的关系是线性的，而福特主义和后福特主义之间则充满了辩证关系。

上述两种不同的描述，涉及对一个简单问题的不同回答：是强调"浪潮"带来的"连续性"，还是强调新生事物中的断裂、错位、非连续性现象？从当今社会的下列五个基本特征，我们可以看出，整体上，社会发展是断裂而非连续的，是后福特主义而非后工业主义的。

1. 加速度。这不仅指事物（如商品和服务、数据和图像）数量的增长——显然只有最高性能的计算机才能计算这些增长的幅度，也指发展的高速率和变化无常。现在看起来似乎没有什么是永恒的——甚至没有什么可以长期存在。正如利奥塔（Lyotard）（1984）意味深长地指出的，"暂时的合约取代了永恒的制度"——无论政治、文化、经济、知识界还是社会事务甚至最亲密的私人关系，都是如此。

2．时空。乌托邦已不复存在，时空概念被更新，时空本身被极大压缩，出现了所谓"同步性"（simultaneity）或"时空虚无"（uchronia）（Nowotny，1994）。人们杜撰了"全球地方化"（glocalisation）这样的语汇来描述上述现象（Featherstone et al．，1995）。无论在劳动过程还是消费模式方面，时间都被强化了。另一方面，这种"强化"受到来自新的时空"生态学"的抵制。

3．风险性。随着社会风险的不断增加，技术（在"浪潮"理论家看来，还包括经济的）进步带来的力量正在被削弱（Beck，1992）。"风险"问题不再被认为是技术进步的副产品。无论是政治改革或是技术革新，意料之外的"风险"和意料之中的结果，对社会行为具有同样的决定性影响。

4．复杂性、非线性、循环性。这里我列举了一系列特征。第一个特征是大家所熟知的，针对"复杂性"问题，我们完全可以通过发展更为先进的混沌理论（chaos theory），并借助更强大的计算机系统，来处理庞大的数据系统。关于"非线性"问题，人们已经越来越多地用更开放、灵活的态度，从理性、有条理和积极"平衡"的角度，来理解社会、经济和技术变革。"循环性"在社会科学领域中表现得非常明显——通过与环境的互动，"社会性的知识"得以发展。

5．自反性（reflexivity）。它有几种表现形式。第一，知识生产和创新系统的民主化和市场化（本章第一部分的最后已经简要提到了这一点），这里研究或行动的"主体"和"客体"位置是交替的。另外一种情况是，专家系统和抽象系统取代了传统的知识结构，价值观和制度都摆脱了传统的固定性或既定性。随着专家系统和现实环境之间的相互作用，价值观和制度必须被建构，或者必须经常被重新建构。第三种情况，由于传统的阶层、性别等社会分层方式的消失，个人有更多自由来写自传。用乌尔里希·贝克（Ulrich Beck）（1992，第90页）的说法就是："个体成为社会再生产的单位。"

我们必须在上述背景下来考察这个时代具体的社会经济发展趋势，高等教育大众化的发展自然是其中一方面的表现。这里所指的趋势包括：福利国家的"死亡"；所谓"审计社会"（audit society）的崛起；从生产到服务的加速转变（这些服务是与象征性产品的快速提供联系在一起的）；"工作"（work）的消亡，至少在某种程度上，科层制的职业被"工作组合"（job portfolios）所取代；通过个性化、即时性等途径实现了生产转型（同时转型的还有组织方式的外包和机构的"瘦身"）。这些社会经济变革同时带来了对文化的深远影响。有两点特别值得一提。首先，就在前一代人那里，全球资本主义和大众文化、生产的规划性和消费的盲目性之间还是互不关联的，而今天，我们应该特别强调它们之间的协同关系。现在，娱乐性能够创造利润，形象（和创意）可以成为商品。简而言之，原先

"形而上"的东西变成"形而下"了。其次，个性化的影响无孔不入。过去，生活方式指个人的消费方式；现在，生活方式不仅意味着生活机会，更在根本上决定了个人的身份和社会阶层——如同个体的劳动分工或者传统社会阶层对个人身份和地位的影响一样。从这一意义上说，个人传记真正具有了自反性、被选择性和预设性的特点。

未来的大学毕业生

未来的大学毕业生需要接受一种新型的高等教育。大学生们成长于一个新的社会环境，他们即将投身的，也是一个新的社会环境。《罗宾斯报告》之后高等教育的扩张，多科技术学院的改革计划，城市化、工业化、官僚化和福利性的国家——这些都对1945年以后出生的两代人的个人抱负、社会期望、经济地位产生了巨大影响，并导致随后的高等教育与20世纪标准的精英模式大相径庭。大众化高等教育和后福特主义社会主要是同时代其他社会力量的产物，而不是历史上高等教育和社会形态的继承者。许多精英高等教育的理念（比如，通过选拔入学或"亲密关系"来保证学术卓越，学生毕业的学校与精英职业之间存在密切联系）已经不适合于大众化高等教育系统。同样，关于工业社会福利国家的一些基本理念（例如，通过全面就业维护进步的社会秩序,稳定的职业模式和全方位的社会保障系统,所有这些都需要建立一个强大的公共部门,以弥补私有市场的易变性和不公平性)也受到了挑战。

在这样的背景下,高等教育对大学生的期望,更重要的是,学生对高等教育的期望,正在发生根本性的变化。现在已经有大量这方面的证据:高等教育质量保障委员会(HEQC)试图(很可能是徒劳地)对"毕业生质量"的概念进行界定;质量保障的非专业化和多机构化;围绕模块化、学期化、学分累积和转换的讨论;以能力为中心的技能的异军突起;"高等教育"和其他形式的中等后教育(包括公司培训)之间的界限越来越模糊;关注特许经营(franchising)、验证权(validation)和其他认证形式(如,基于工作的学习)的发展;人们还担心,在信息娱乐业无节制的商业取向的影响下,带有很强专业性和公共服务伦理倾向的高等教育可能会同流合污。

对毕业生的期望或要求将受到以下四大趋势的影响,这四个趋势反映了高等教育大众化和"后福利国家"(post-welfare state)及后福特主义社会(post-Fordist society)发展的特点。第一个趋势是易变性和短暂性。它包括几个方面:其一,技术(和社会)加速发展的影响;其二,"去机构化"的过程——无论是"虚拟"机构的发展,还是庞大官僚体制的解构和灵活组织的兴起;其三,"地方性知识"(local knowledge)的增长,知识传统总是潮起潮落;其四,无论是大型的公共组织,还是亲密的私人关系领域，永久性的制度正在被暂时性的契约取代。社会的加速发展和变化无常意味着大学生应该接受新的教育方式。这并不仅仅是说要培养学生们终身学习的技能——好奇心、灵活性、适应性——还要鼓励学生养成自我嘲讽、直觉、"逝者如斯"的新思想。

第二个趋势是高等教育和劳动力市场之间建立起新的关系。这也是技术加速发展的产物，它极大地降低了高水平技术和专业知识的交换价值。这一趋势也反映在私营机构和公共部门大规模官僚机构的衰退上，这些部门雇用了大量的大学毕业生。昔日（或许也包括如今）的大学毕业生都在一种理性、进步和"科层式"的职业文化中发展，而未来的毕业生将必须适应一种新的职业文化，因为他们的职业去向将更加多样化和分散化。最根本的一点是，高等教育和职业之间新的、更加模糊的关系，反映了职业社会整体性的缺乏。需要再次强调的是，职业社会变化的影响主要不在职业本身，而在于人们的价值观。许多公共服务的、科学的甚或斯迈尔斯所谓的"自我提高伦理"[①]的价值观，都产生和发展于19世纪晚期至20世纪的专业化社会。如果进入21世纪后那些社会形态遭到了破坏，那么相应的规范性社会结构很可能受到挑战。大学毕业生曾经是这些职业价值观最重要的传播者，如今他们必须在情绪、思

---

① 塞缪尔·斯迈尔斯（Samuel Smiles）（1812—1904），英国著名作家，著有《自我帮助》等。——译者注

想和职业发展方面作出积极的调整。

第三种趋势是市场化发展。通常人们认为，市场只与程序有关，而不涉及道德领域的问题。市场信息侵入高等教育后，大学生不可能无动于衷。两个方面的问题尤其值得强调。首先，大学教育的本质和魅力很可能遭到破坏。高等教育日益演变成更大范围的"闲暇—学习"产业的一部分。最近的"技术前景评估"（Technology Foresight exercise）提出了"闲暇—学习"的分类方式，现在这一部门的产值占国民生产总值的13%（Office of Science and Technology，1995）。其次，市场化意味着任何学科或领域，都不可能在商业活动的冲击下保持其完整性和独立性（Eagleton，1994）。由于学生被视为客户，一方面他们被赋予了权力——他们的要求可以随时得到满足，另一方面他们的权力又被剥夺了——因为他们的长远需要可能被忽视了，他们很难参与到符号性、精神性和充满魅力的教育过程中。

第四个，也是最后一个趋势，新的文凭化（credentialization）将改变人们的生活方式和生活机遇。这也包括两个方面。第一，随着个体化消费主义的发展，传统上以阶级、性别、种族、地域为基础的社会分层的重要性有所衰减，新的社会分层方式呼之欲出。上大学就是一条可行的社会分层途径。大学学历将越来越成为文化资本的主要标志。简单地说，一个人若没有接受过高等教育，他将（或已经）不再可能进入中产阶级的行列。大学不再简单地复制和反映现有的社会阶层,大学将"制造"社会阶层。通过接受高等教育,学生们可以谱写自己的"自反性传记"(reflexive biography)了。其次,传统意义上的"工作"的内涵正在消失,人们开始寻找能体现自身价值和地位的新途径,而接受高等教育可以为人们提供这样的途径。我们可以发现这样的转变:过去是以职业阶层来定义个人的社会身份,如今学术层次成为身份的标志——这与旧的、前工业社会和前专业化(pre-professional)的社会分层大相径庭。同时,这一转变还蕴含着其他深层次的社会进步。传统上,许多女性在正式的就业市场中处于劣势(或者被排除在外),而现在女性已经通过接受高等教育确立了属于自己的社会身份。

从更广泛的意义上讲,上述趋势对大学课程也有深远影响。大学课程需要体现与旧的专业和职业教育迥然不同的新职业主义内容。因为,权威知识传统下的"教学内容"和以专门化、高层次技能为特征的"专业知识",将变得越来越不重要。过去,"共谋性"(complicit)① 精英高等教育文化,通过内隐的价值观和"无声的"偏见,确立和培养未来的社会精英。但现在这种情况受到了更加开放的大众高等教育文化的挑战——现在,才能和态度都通过公开的方式来培养。因此我们可以理解,为什么现在人们越来越强调"能力"的重要性——大学必

---

① 这里的"共谋性"(complicit),指大学与社会精英地位之间共赖互补的关系。——译者注

须阐明教育目的和目标,并对学习结果做出评定。现在接受高等教育人群的社会背景日益多样化,同时权威知识传统的认识论受到了动摇,"地方性知识"再次登台。这一切重构了学习环境中的权力关系。最后,高等教育不再是"工作"(和与之对应的"社会参与")的必要条件,相反,有时高等教育可以成为工作的"障碍物"(antidote)。在未来的"符号社会"(symbolic society)里,面对不断变化的工作和"社会参与"环境,大学需要更加注重培养学生的社会和生活技能。在20世纪的大部分时间里,大学一直以培养精英和专家为己任,如今大学需要"改弦更张"了。

第五章 非功利性与现代大学

保罗·菲尔默

现代大学的形态和理念

第二次世界大战结束后,随着社会重构意识的兴起,许多理念——特别是有关英国大学的理念——都有颇多的争议。大学的一元化和整体性的观念已越来越难以维持。目前在所有发达国家,大学都需要面对结构和投资体制的变化,大学理念方面也面临同样的问题。现阶段,高等教育经历了由精英高等教育向大众高等教育的转变过程(Parson and Platt,1973;Meyersohn,1975;Scott,1995),这期间不仅大学的职能发生了改变,而且作为社会机构的大学的结构和形态也发生了剧变。因此,首先我想从大学结构形态的角度,讨论现代大学的核心理念。

第一，F. R. 利维斯（Leavis，1948；1969）提出的大学理念。他认为，大学在本质上是在大众文明时代为传承少数人的文化服务的。这一思想反映了传统意义上的大学理念。早在19世纪下半叶，纽曼（Newman，1987）提出了现代大学的职能，阿诺德（Arnold，1983）也揭示了现代社会对传统文化的威胁。利维斯理论中的大学理念，显然与牛津—剑桥模式（Oxbridge model）下的机构形式和知识分子责任密切相关。这一思想所排斥的内容与宣扬的内容同样重要：

> 迄今为止，大学不仅是一个孕育科学的中心，也不仅是一个技术机构或者专业院系组成的集合体。大学是这样一个有机体：社会通过大学，在集体智慧和全心全意的人文责任感的指引下，持续不断地为我们的文明社会提供记忆和成熟的目标。
>
> （Leavis，1969，第58页）

在这种大学理念下，

> 主流的社会意识必须在英国学校中占有中心地位……文化传承必须以英语为载体。……除此之外，我们没有办法真正实现心智、精神和理性的传承。
>
> （Leavis，1969，第59—60页）

在科学中心、技术研究所和专业学系的冲击下，尽管大学勉强维持了古老学院式的大学理想，但作为一项事业，利维斯的大学愿景并没有实现。的确，在20世纪下半叶之初，这些大学曾一度成为英国高等教育发展的范本。传统大学理念的目的，就是为了传承文化传统，文化传统的本质就是维护少数精英知识分子的地位。然而，这最完美的范本却显示出惊人的社会性无知：它忽视了埃利奥特（Eliot，1948）所谓的"高雅文化"（high culture）再生产的功能——这样的高雅文化并未真正体现"能者统治"的思想。与埃利奥特的观点不同，利维斯相信高雅文化与工业社会并非水火不容。尽管如此，高雅文化与威纳（Wiener，1981）所谓的英国工业精神的衰落密切相关①——英国工业精神的衰落反映了19世纪下半叶英国前拉斐尔派（pre-Raphaelite）②的新中世纪主义（neo-medievalism）特点，而且与重农主义对早期现代欧洲社会的态度不无关系。这种社会思潮中的人文理想主义持续地渗透到当代关于大学理念的争辩之中。

第二，19世纪的伦敦城市大学以及第二次世界大战后十年中被授予自治权的地方性大学所蕴含的理念，源于边沁（Jere-

---

① 维纳（Martin J. Wiener）著有《英国文化与工业精神的衰落，1850—1980年》（*English Culture and the Decline of the Industrial Spirit*, 1850—1980）。在书中，作者将英国工业的衰退原因追溯到文化层面——工业精神的削弱。这种削弱源自工业发展与传统利益集团的严重对立，这是一种弥漫在知识分子以及文学、文化中的对工业精神的敌意。因此，英国强大、根深蒂固的乡村田园传统应该为英国经济的衰退负责。——译者注

② 亦称为"前拉斐尔兄弟会"（pre-Raphaelite Brotherhood），1848年由三名英国年轻画家发起，其目的在于改变当时的艺术潮流，反对那些在米开朗琪罗和拉斐尔时代之后在他们看来偏向机械论的风格主义画家。前拉斐尔派尤其钟情于中世纪文化，认为中世纪文化有着后来的时代所失去的精神和创造性。——译者注

my Bentham）创建伦敦大学学院时的思想①，不可避免地带有功利主义的色彩。与前现代的、本质上具有中世纪精神的牛津—剑桥模式相比，这些大学更具有现代大学的性质，并且能够适应新兴资本主义工业化社会的条件和要求。从认识论及文化理念上看，这样的大学是兼容并蓄的：既有纯科学研究，也有应用科学；既有古典文学和人文学科，也有政治经济学和社会科学。这一趋势与传统文化形成了冲突，即社会上所谓"两种文化"的论辩——论辩的主题源自利维斯和 C. P. 斯诺在 20 世纪 60 年代私下的思想交流。利维斯和斯诺无意间讨论的问题，被英国的新左派阐述得异常清晰（见 Anderson，1968；Mulhern，1979），并且奠定了此后文化研究论辩的基础（见 Hall，1980；Davies，1993）。这一争议成为反对高等教育大众化的一个经典标志，也成为后工业、后福特主义和后现代相互交错的当代社会与文化环境下大学学位的经济学意义的一个经典标志（如见 Scott，1995；Phillips，1996）。

第三，与 20 世纪中叶的科技革命思想相联系的大学理念。科技革命是英国工党在 1964 年竞选活动中打的一张"牌"，1963 年成立的以罗宾斯勋爵为首的高等教育委员会的建议中对之也有所体现。此后，高级技术学院获得了大学学位的授予权。这些院校是应用科学研究和技术应用最主要的中心。通过

---

① 伦敦大学学院（University College London，UCL）是一所创建于 1826 年的综合性大学，也是伦敦大学联盟的创校学院。伦敦大学学院通常被认为是继牛津、剑桥之后英格兰第三古老的大学。

设置社会科学方面的学系，这些大学将理性的科学人文主义与技术结合起来，突出了城市大学的理念。与此同时，许多新的远离市中心的大学校园建立起来了，其中大部分模仿了牛津—剑桥模式，实行学院制寄宿制。这些"现代"英国大学

> 尽管具有明确的现代性，强调社会科学的重要性……但与牛津—剑桥模式一样，总的来看，这些大学轻视技术和商业……一般都远离人口聚集地，周围有大教堂，借用城乡结合处的建筑——这是典型的精英学校的环境，学校的自然环境是根据社会和心理需要而确立的，体现了用前工业化、前城市模式包装成的"文明"理想——也是理想化的中世纪教堂和同样理想化的18世纪贵族阶级的混合体。
>
> （Wiener，1981，第23页）

第四，根据1992年的立法，为统一"二元体制"，英国建立了一批新型大学。这次立法把20世纪60年代末、70年代初发展起来的、具有鲜明特色的多科技术学院纳入了大学行列，这也是后罗宾斯时代高等教育扩张的一部分。除了传统学术课程，这些院校还提供一种将专业课程和职业课程相混合的课程体系，采用不同的修业年限，提供各类副学位[①]、本科学位和研究生学位。正是这批新加入的高等教育机构，

---

① 副学位是一个统称，其中包括副学士学位（associate degree）课程、高级文凭（higher diploma）课程以及专业文凭（professional diploma）课程。——译者注

引发了围绕英国高等教育大众化问题的大讨论。以 1992 年立法为分水岭，英国适龄人口高等教育入学率从 20 世纪 60 年代中期的 8% 增至 28%，翻了近四番（Scott，1995，第 22 页）。由于统一的高等教育体制并没有真正建立起来，大讨论一直在持续。斯科特（1995，第 26 页）指出：

> 获得特许的早期大学和由国务大臣通过议会批准建立起来的新式大学之间，存在着明显区别。两类机构采用了不同的治理方式。从更深层次看，这两类机构在学术和管理文化上无疑也存在差异。

针对管理型院校文化，历史较悠久的大学隐隐约约、时断时续地提出了抗议，它们反对高等教育走向大众化，当然最终没有成功。随着 20 世纪 80 年代大学拨款体制的改变、拨款份额的不断削减、高等教育课程的不断扩大，为了求得生存，整个高教领域需要迅速推行新的管理和财务技术。统一体制下的新型"后多科技术大学"（post-polytechnic）带来的，不只是它们的管理文化，它们还是管理类课程的主要提供者，从这一点看，其院校文化具有学术上的"自反性"。

与前面四种大学理念比较，现代大学的第五个理念在很多方面少了具体的院校形态，却有更多可供分析的现象。这些大学采用了开放式入学方式，开放大学（Open University）显然是其中最突出的代表。这类大学创办于 20 世纪 70 年代初，是后罗宾斯时代高等教育扩张的产物，我们可以粗略将其归入高等教育范畴。开放大学成功的标志是开设了专门设计的课程，其中最具意义的，是针对老年人开设的老年大学（University of the Third Age）①，以及针对少数族裔和地处偏远人群的高地和岛屿大学（University of Highlands and Islands）。其他类似的院校带有象征意义——工党推动成立了"产业大学"（University for Industry），例如：

> 这所成立于90年代、与开放大学性质类似的学校，将利用卫星、电缆和新的信息高速公路，使每一个身处家庭和工作场所的人，都能分享信息、技能和教学，让所有人获得……永久的教育机会。人们打开电脑接受教育，应当像打开电视观看足球比赛一样自然而方便。
>
> （Blair，1996。第33页）

"产业大学"开放入学的理念，承袭了那些为特定工业需要而提供职业培训的大学思想。如麦当劳公司设立的全球性"汉堡包大学"，它在世界各国设有教学点，培训不同层次的公司员工。迪士尼学院（Disney Institute）提供60种成人教育课程，被乔治·雷策（George Ritzer）（1996）称为"迪士尼式的信息娱乐时尚"。在北美国家还出现了首批"在线"大学，通过学校之间的学分互换系统、可匹配的课程组合和模块式学位结构，提供成熟的延续性的高等教育。

---

① 美国社会学家提出"第三年纪"（Third Age）的观点，指的是45～64岁的人群。——译者注

这五种大学理念各有其不同的表现形式，又互有交错。20世纪80年代获得特许状的私立白金汉大学即为一例。在此之前是后罗宾斯时代大学的兴起和二元体系的形成，而此后的1992年立法的构想是建立一元化的高等教育体制。白金汉大学是目前英国唯一的一所仅由私人资助的大学，它的许多改革与发展都引领了时代潮流。它颁发两年制的学位，利用暑假安排每学年的第四个学期的教学，并在学位课程中安排了专业资格的课程。如果中央政府的言论能切实转变为政策的话，白金汉大学的改革成果不久就可普及到英国高等教育结构中。斯科特提出了英国大学系统比较完整的形态，将扩大后的高等教育系统分成12个类型，并指出，最为完整的高等教育系统包括至少17个类型和亚类，其中在"义务教育后和培训系统"中必须再增加三个亚类（Scott，1995，第45—50页）。

现代大学的职能

毫无疑问，在院校类型多元化的今天，我们很难就大学思想取得一致的看法。类型多样化本身是高等教育应对多变环境的一种方式。大多数院校都成立于20世纪60年代这一事实本身可以印证这一点。关于当代英国高等教育，目前最有争议的是高等教育从传统的、选择性的甚至精英化的系统向大众教育转变过程中存在的问题。斯科特（Scott）（1995，第90页）指出，这一转变与"西方、世界社会和发达经济体的转型"存在"奇妙的一致"。然而，我认为这一论点还是语焉不详。近年高等教育系统分化和形式多样化，是与英国当代社会经济秩序的结构性变化密切同步的，我们需要对两种现象之间自反性的因果关系（reflexive casual relations）做深入的探究。

在现代社会，高等教育机构明确履行着三种职能。首先，它们是文化再生产的机构，这一点至少包含三层意义：如同利维斯倡导的那样，大学传承了文化传统；正如埃利奥特相信的那样，大学是高雅文化发展的前提，因此大学与社会结构分层的再生产也有联系；大学还提供一种可以通过探究和创新来挑战、修正和更新观念文化的环境。由此引出高等教育机构的第二个职能，即研究。高等教育机构提供了纯理论研究的机会，大学还需要探索科研成果的社会意义，并就这些成果如何转化成为政策和付诸实施提出建议。这进而引申出高等教育的第三个职能，即培训。随着大学拨款方式的变化，人们越来越希望高等教育能适应后工业经济时代不断变化的职业需求。不断改变的经济环境及其特点，可能是大学和其他机构理论研究和创新的结果，因此大学和其他有关机构必须培训"具有职业灵活性的"劳动力（Waterman et al., 1994），培养必要的可迁移技能，以保证劳动力的就业（或在失业环境中求得生存）。

这些职能集中反映了不同类型高等教育机构与当代社会结

构及过程变化之间的因果关系。这些大学功能受到变化无常的众多"后……"社会—文化条件（诸如，后现代社会、后结构主义理论和后工业经济等）的影响。

在不断变化的大学职能中，文化传承是成效最不显著的一项。正如诸多"后……"主义条件所揭示的，现代社会正处于与其历史彻底决裂的过程中，大学在文化传承方面的表现差强人意也就不可避免了。但是，如果据此（错误地）认为高等教育迈向大众化意味着大学缺乏文化传承的能力，那么我们就难以理解了。但这方面不仅那些保守思想家（如埃利奥特和利维斯等）会犯错误，更严峻的现实是，那些自以为是的文化批评家们还煞有介事地提出他们的理论依据：

> 如果后现代主义意味着……过去被禁止的研究内容，现在可以公开批评了，过去讳莫如深的言论，现在人们可以对其提出新的、不同的质疑，新的、更多的声音也可以参与其中；如果后现代主义意味着机构和空间的开放，让更加流动和丰富的社会和性别认同在这样的空间得以发展；如果后现代意味着由权力和知识构成的金字塔（最高层是专家，最底层则是"大众"）的崩溃；或者简单地说，后现代主义培养了我们的民主意识，让大家觉得一切皆有可能——那么我就算是一个后现代主义者了。
>
> （Hebdige，1998，第226页）

这种对虚拟的社会和文化现实（和非现实）的新吉普林风

格（neo-Kiplingesque）的赞美，几乎找到了解决大学分化问题的方法，却回避了当代高等教育机构面临的困境。它对诸多"后……"主义（通常是抽象的）理论泛泛而论，并且假定：关于任何变化的思考都是基于现有院校的形态。但是如同其他机构的情形一样，高等教育领域发生的变化，需要我们重新理解大学的职能，而不是对大学职能本身来一番革命。

重新界定大学职能

重新定义的大学职能有四个显著特征。第一，在当代英国社会中，国家（中央政府）规划和目标的变化，给高等教育带来了深远影响。虽然政府的目标在于减少国家权力的干预，但是在实践中权力还在延续：政府推行公共和行政服务的私有化，在公共开支方面引入市场化的拨款机制——这一点在地方政府、福利国家和教育方面尤其明显。但是，多数对高等教育机构的结构和拨款产生影响的中央政策，其决定因素都来自教育系统以外。在许多情况下，这些政策与高等教育传统的思想和组织要求背道而驰。在推广市场化拨款原则的同时，政府还通过扩大高等教育入学机会，平衡中学后教育（post-secondary）与后继续教育（post-further-education）学生的就业关系。研究生教育机会的扩大，也对研究生就业市场产生了相当大的影响。教育机会扩大给学生增加了经济支出，他们不得不通过助学金之外的学生贷款加以弥补。然而，现有政策尚未向学生提供多样化的经费来源，这方面北美国家有成熟的政策，澳大利亚也正如法炮制。这些国家向学生提供大学管理的工作岗位，让他们在校期间一直能勤工助学。这就需要大学对外承包服务项目，并要求服务承包人使用学生劳动力，或者允许学生兼职从事大学的日常行政工作，或者调整教学进度，腾出时间让学生打工，或者开设暑期学校等。只有决策部门清醒地认识变革，适时地调整政策，才能对拨款制度变革带来的意义有通盘考虑。

高等教育新职能的第二个特征是：随着市场体制被引入拨款和教育系统，问责制和相关的财务和管理审计文化应运而生，并取代了传统的中央和地方政府的拨款方式。新的预算体制看重大学执行培训和研究契约的情况，为此院校需要定期接受绩效评估。对高等教育课程"充分性"（adequacy）［即"英国高等教育拨款委员会"所谓的"目标适切性"（fitness for purpose）］的审查制度，将学生简单地认同为教学活动的消费者，但在海蒂奇（D. Hebdige）的后现代主义观点看来，学生可以因此获得大量观念的、社会学的和政治的机会。这一过程超越了以传统的专家和抽象系统为特征的认识论结构，建构和重构了新的价值观和机构组织——它们不受既定的、一成不变的传统社会文化秩序和相关的"社会和性别认同"的束缚。斯科特（1995，第113页）总结了这一转变过程的重点：

> 从为精英人士提供向上层社会流动的机会，过渡到为多数人提供"学院文化"（college culture）熏陶的机会——从"生活机会"转变到"生活方式"，折射出社会向后工业主义的巨大转变。从某种程度上说，在短期内，由于社会流动性减弱，以阶级为基础的社会等级制度得以固化。大学毕业生职业生涯的衰退就反映了这一点。然而，从另一个角度看，由于社会文化地位和职业种类（它们自身的流动性在增强）之间的关系变得模糊，阶级社会开始瓦解了。

因此，假如我们承认，高等教育的社会学基础和学术文化转变的逻辑，包含在"后……"主义的逻辑之中，并且是对传统的突破而不是延续，那么这样的转变在20世纪晚期的社会现代化进程中就占有核心的地位。

菲利普斯（M. Phillips）（1996）对上述论点提出了挑战。鉴于高等教育不再提供社会所需要的可迁移技能，也不再致力于推翻等级森严的社会制度，因此高等教育规模扩张的价值值得怀疑。人们质疑，越来越多的学位授予掩盖了大学在满足重要的职业技能需要方面的不足——这些工艺和技能只能通过实践经验才能获得。根据菲利普斯的观点，斯科特提出的社会地位差异性的减少，是通过学位授予来实现的。由于大学教育变成一个缺乏针对性（因而也没有价值）的专业化和抽象的（毫无疑问是后结构主义的）理论化的过程，后工业经济时代所需的技术和能力无人问津了。

菲利普斯认为，具有讽刺意义的是，这样的现象是英国雇主们对职业培训采取竞争性态度的恶果。雇主们不想好好地培训年轻人，唯恐惠及其他雇主；更糟糕的是，中央政府不愿直接采取强有力的措施来满足职业社会的需求。菲利普斯的分析表明，与斯科特认为的高等教育是现代化的核心不同，就英国当代社会、政治、经济和文化的政策而言，高等教育并不是英国社会的关键表征。需要强调的是，我们之所以如此分析，是因为在过去 20 年间，尽管大学拨款制度发生了变化，二元高等教育体制也被取消，但是英国高等教育还是处于"政策缺位"的状态。

高等教育的"政策缺位"状态最重要的表征，就是高等教育新职能的第三个特征（这一特征并非院校刻意为之，却未被院校成功阻止）：无论在院校层面还是大学拨款委员会层面，都没有将资助纯研究（pure research）作为重点。大学拨款委员会虽然代表政府向院校行使职责，但它们更看重那些应用性、专题性或与政策相关的课题，而不关心研究者有什么兴趣，或者大学对政府有什么要求。这样做让一些研究委员会成员的个人职业生涯受益匪浅，却让从事纯研究的学者因资金缺乏而深受其苦。

高等教育新职能的第四个特征（一定程度上也与高等教育

拨款的市场化有关），是大学课程模式的多样化发展。与传统的、松散的高等教育思想不同，现在的大学设计了越来越多为培训服务的课程模式，大学希望借此在向国内、外学生提供可迁移技能培训方面与同行展开竞争——这些可迁移技能正是后工业经济时代中的后福特主义劳动力市场所需要的。于是，学生要以消费者的姿态接受大学提供的技能培训。后工业经济结构的特征之一是：从物质产品的生产向服务性生产（以快速传递象征性商品为标志）转移的速度不断加剧。部分遗留下来的制造业的生产方式，也正经历向个性化的转变过程。无论在制造业还是服务业，职业组织正经历巨大变革，因为在全球化的背景下，原材料采购和加工正采用外包的形式，企业规模和管理机构随之缩减。传统的、特定组织的工作方式，开始被"工作组合"（job portfolios）所取代。为临时适应短期任务的需要，个体需要"因地制宜"地培养灵活、具有适应性的可迁移技能。现代大学需要努力适应的，正是后工业经济时代劳动力分工的结构性变化。

　　大学教育存在风险，因为培养出来的大学生可能浑身浸透着"后……"理论的气息，却缺乏职业胜任力和竞争力，这样说并非玩笑之言。大学生可能被培养成为安德烈·高兹（Andre Gorz）（1982；1985）用后现代语气所称的"休闲社会之人"——那是一个不用人类工作、一切工作都由机器代劳的社会。人们希望21世纪大众高等教育时代的毕业生，在一生随时可能出现的无业（或就业紧张的）阶段，在错综复杂的非传统生活方式面前，能抛弃传统的、过时的"随遇而安"思想，建构和重构他们的社会定位。这可能是一项异常艰辛的工作，远比社会地位较低的体力劳动、单调的文职技能、重复性的电脑操作或者职业性的决策操练更加令人筋疲力尽。这一工作的难度决定了其重要性——因为后现代主义者们还保持着终极幻想——认为虚拟的现实终将"梦想成真"。在延续这一幻想的过程中，新千年的大学毕业生或许将被商品化的形象和观念所吞没，他们通过消费来追求各自的生活方式，他们将"消费至死"的口号提升至天职的高度！"后……"理论的逻辑是一种思辨理论，但还不是一种社会逻辑，因而缺乏对社会或文化机构的现实意义，自然也无法为高等教育的社会职能提供恰当的指引。

非功利性与现代大学

现代大学与社会、文化的发展过程有着千丝万缕的联系。然而，现代大学的大部分观念都必须反映这些过程的条件和结果，并参与到这些过程的起始、执行和结果的强化之中。高等教育机构不能脱离这些实践活动，只有通过参与这些实践，大学才能维持与现代社会的密切联系。但高等教育机构不能奢望独自实现变革，也不应任凭自己演变成培训未来雇员可迁移技能的工具性机构，或成为一个实践虚拟社会文化生活方式的场所。

高等教育机构不应该让自己的社会职能降格，相反它们应该构建环境，并培养那些能批判性地反思当代社会发展进程的专门技术和品质。没有这样的反思，我们既不可能期望社会变革的到来，也不能规划社会变革，更不能充满智慧地、理性地和人性化地应对那些难以预测或者意料之外的发展结果。这就要求高等教育机构清醒地认识到自己在当代、后现代社会中的地位和职能：高等教育机构必须有能力提供非功利性的教育、培训和研究。在本文结尾，我提出几点供进一步探讨的议题。我提出的高等教育机构社会职能的三方面特征，都试图说明高等教育机构不应沦落为发挥工具性功能的场所：

1. 高等教育的职能在于促进非功利性的研究。人们并不清楚，在市场化拨款的强制性结构中，大学是否还可以实现或维持这一功能。

2. 高等教育的社会和文化责任在于：在集体和社会的政治、目的和计划问题上采取批判的态度。在这方面，非功利性研究扮演着至关重要的角色。

3. 大学应该为社会上最优秀的人才提供最好的条件，让他们能够追求卓越的思想。为此，大学应该公正地选拔学生，人才遴选必须依据学业成就。

要实现上述大学职能，英国的高等教育体制需要进行重新分化，新的高等教育体制应该提供多样化的教育。建立一体化高等教育体制的努力，看起来只是一种形式，实际上却强化了已有的院校分层。这样的高等教育体制在英国已经有了现实基础。"罗素大学集团"或"1994集团"[①]中的老资格大学与其他所谓的古老大学之间的分野就是一例。这两个联盟中的院校，已经从所谓的新型大学和其他高等教育机构中分化出来。按照不同的大学拨款方式，我们可将大学分为三种类型：一类是从事投资巨大的纯研究、应用研究，以研究生教育为主的大学；另一类是兼顾小规模和个别化研究、本科生教育和研究生教育这三方面职能的大学；还有一类主要以本科生教育为主，同时辅之以研究生层次的专业和职业培训的大学。为了重构高等教育体制，我们需要展开一场公开、全面的辩论，因为缺乏规划的英国高等教育大众化已经对大学的科研和职业培训现状产生了影响。

---

① 罗素大学集团（The Russell Group）成立于1994年，目前由20所英国优秀的研究型大学组成，被称为英国的"常春藤联盟"。不同的是，英国的大学联盟由国家资助，其目的是代表这些机构的观点，游说政府国会，提出研究报告来支持它们的立场，借此提升各自的研究水平、增加学校收入、招聘最优秀的教职员与学生、减少政府干预及提倡大学合作等。这些院校的校长每年春季固定在伦敦的罗素饭店举行研究经费会议，因而得名。同样成立于1994年的"1994集团"，也是大学为发展、提高各自的学术、研究能力而组建的联盟，只是其成员学校的规模相对较小。——译者注

下编　社会中的大学

第六章　知识分子：大学内外

罗素·雅各比

二 元 分 类

目前的学术智慧已经坦然地接受了大学"内外"知识分子的说法，而我们的智慧也在这种二元对立面前戛然而止了。这一现实告诉我们，"内部"与"外部"的划分方式即使没有西方殖民主义的烙印，也带有欧洲中心论的色彩；它同样告诉我们，所有的二元分类都预示着一种支配，而且一切事物必须接受"质疑"。这些观点要求我们必须不断地从情景化的角度，讨论"局外人"（outsiders）、"边缘性"（marginality）和"边界"（boundaries）这些术语——因它们都没有明确的内涵。由此看来，有关"内部"和"外部"知识分子的讨论，将是一个全新的课题。

我必须承认自己的无知：我一直不明白对二元分类批评的内涵或背后的动因。或许它源于黑格尔辩证法有关"正论"（thesis）和"反论"（antithesis）的基本观念。不管怎样，可以明确的一点是：对二元主义的批评形成于计算机结构中的二元开关、线路和数字。近代数学史中有关计算机的部分，强调了"二元假设"的重要性（McLeish，1991，第 227 页）。然而，二元主义看起来并没有影响到二元主义的批评家们——至少他们从未提及过这种影响。换句话说，二元主义批评与二元主义本身相安无事。

当然，传统的批评不一定都是错的："外部"和"内部"不是一种绝对的分类。内外分类的思想由来已久，且无固定的标准。而且，从经济和心理角度看，它们既属于客观的范畴，又属于主观范畴。显然，这样的分类谈不上精确性。然而，这一点并不会终止人们对二元分类批评的分析，它仅仅意味着，在分析问题时我们应该保持警惕——尤其应该警惕那种认为文本没有"弦外之音"的信口雌黄，还要警惕那些歪曲社会理解的企图。引用一位典型的后现代主义者对科学的一句评论："科学之所以具有后现代的特征，一个简单的判断标准是：它不受制于任何关于客观真理的观念。"在引用了德里达（J. Derrida）关于爱因斯坦的评论后，这位作者说道：

关键问题在于……任何现实存在的时空点，都可以转变成任何其他的时空点。按照这种逻辑，对于无限多维的恒定物来说，观察者和被观察者之间的界线是模糊的。欧几里得的圆周率和牛顿的重力加速度，曾被认为是恒定和普遍的，现在却被认为具有无法回避的历史局限性。而一度的观察者也难免被边缘化……

(Sokal，1996a，第226、218页)①

索卡尔（A. D. Sokal）这一标准的后现代主义的观点，刊登在由杜克大学出版社出版的知名杂志《社会文本》（*Social Text*）上。② 这是纽约大学一位物理学家撰写的讽刺性作品，但杂志编辑却不知道这一点。在作者公开披露实情之前，编辑一直没发现文章中有任何不当之处，相反，他们很乐意出版该文。这篇文章似乎和他们已出版的其他文章没有什么两样。③ 其重要性在于：所有现实的东西都被主观化了，并为不同的解释提供了空间。

如果任何事物的中心都可以被剥夺，或者都可以被质疑，那么"内部"和"外部"只是一种缺乏真实性的构建。只要稍

---

① 第一处引文，实际上是索卡尔所参考的另一部著作的引言内容。——作者注

② 索卡尔于1996年在《社会文本》上发表了《跨越界限：通往量子重力理论的转换诠释学》（*Transgressing the boundaries: towards a transformative hermeneutics of quantum gravity*）。有意思的是，该文发表当天，索卡尔在另一篇论文里宣布：这篇文章是个骗局。随之引发了一场学术伦理的激烈争论。关于这场争论的详情，参见《"索卡尔事件与科学大战"——后现代视野中的科学与人文的冲突》（南京大学出版社，2002年版）。——译者注

③ 这一讽刺性的举动已经引发了大批读者（包括作者本人）的评论（Sokal，1996b；1996c）。——作者注

微转换一下术语，并去掉其中心，那么任何事物都可以被边缘化。在德里达《哲学的边缘》（*Margin of Philosophy*）文集中，作者"试图模糊那条区分文本和控制边缘的线条"。德里达（Derrida，1986，第 xxiii 页）希望详细论述关于"边缘"的逻辑，并指出，哲学文本之外并不是一个空白的、未开掘的、空洞的边缘地带，而是另外一个文本，是一张迥异的、没有任何现存中心的力量之网。

文本失去了中心，谁还能说什么是"外部"，什么是"内部"呢？显然，任何人都可以给出自己的定义（事实也是如此）。但问题在于，术语和分类将因此失去它们的意义。不管是谁，不管是什么对象，只要感觉是"外部"，那就是"外部"。尤其是左派学术界，不管自己如何受尊敬、如何有成就，他们经常自视或感觉是"局外人"。例如，作为德里达作品的翻译者，哥伦比亚大学的讲座教授斯皮瓦克（G. Spivak）在各种学术会议上颇受人崇拜，但她认为自己是被"边缘化"的，她不带任何讽刺意味地指出了美国大学存在的"大量边缘性研究"以及自己在其中的角色。而且，她不仅是边缘性行业的一部分，而且已经被"解构主义组织"边缘化了（Spivak，1993，第 ix 页）。

假装成"局外人"的"局内人"

或许我可以这样描述近几十年里发生的事:曾经一度作为"局外人"的知识分子,想成为"局内人"。现在他们已是局内人,却假装局外人——只有"主观化边缘性"(subjectivizing marginality)能说明个中缘由。但这只是一半解释,另一半解释是:这表明他们承认(甚至庆贺)自己获得了新的、"内部的"专业地位。这两者并不矛盾,相反,它们是同一过程的两个方面。两者都有助于揭开过去独立知识分子头上的神秘面纱。

文化界和后现代理论家喜欢反复提及葛兰西(A. Gramsci)其人,并引述他关于霸权主义的思想,但这并未改变这样一个事实:他同样希望知识分子能够立足于物质的和工业化的生活。他指出,"新型知识分子不能仅有口才……还应以建设者、组织者、'不倦的游说家'的姿态积极参与到现实生活中"(Gramsci,1971,第10页)。

基于同样的原因,保守派思想家也公开指责脱离现实生活、飘忽不定的知识分子。莫里斯·巴雷斯(Maurice Barrès)

是一名反德雷福斯派（anti-Dreyfusard）[①]，他认为知识分子是"绝对问题的逻辑学家"（logician of the absolute）。他认为，知识分子是"被孤立的"国际主义者，他们拿"正义"和"真理"等抽象概念做交易，对自己的国家"不再有任何感情"。这样的知识分子和犹太主义（Semitism）可有一比：犹太人与祖国隔绝，他们无须对国家承担任何责任。巴雷斯指出："对我们来说，国家是养育我们的土地，是我们的祖先，是我们前辈生活过的地方。"而对于犹太式的知识分子来说，民族主义（nationalism）只是一种"理想"或"有待消除的偏见"（Barrès，1925，第59、49、68页）。

被制度化的知识分子

近几十年来，社会结构的转变无疑对知识分子产生了影响。知识分子似乎正日益被"隶属化"、附属化或制度化。

大致归纳一下可以发现，近几十年来我们经常把知识分子作为新的专业化群体和社会的组成部分来进行研究。例如，有一本新书这样总结道，知识分子"已经由社会边缘走向社会中

[①] 阿尔福雷德·德雷福斯（Alfred Dreyfus）（1859—1935），法国炮兵军官，法国历史上著名冤案"德雷福斯案件"的受害者。围绕该事件暴露的国家本质问题，出现了支持或反对德雷福斯的公民之间的相互攻讦。——译者注

心"，"传统知识分子习以为常的机构和过程——不管是大学、文坛还是政治性公共领域——在现代社会晚期，已经变得越来越制度化、专业化和商业化"（Eyerman，1994，第 190—191 页）。从积极方面来说，我们建立了专门的知识分子理论——从数量和品质角度看，知识分子形成了一个"新阶层"。没有人会坚持认为，在主要的制度之外，还存在一支独立的知识分子队伍。

当然，文化生活并非完全与政治和社会变化同步。知识分子曾一度被认为是被边缘化的、伸张正义的持不同政见者，从伏尔泰到赛义德（Edward Said），这样的思想一直在延续。伏尔泰写道，"文人"（men of letters）是"被孤立的作家"，他们"既没有成为大学里的权威，也没有被学术界评头论足——他们甚至几近遭到迫害"。他又补充道，如果你为君主写赞歌，"你就会受到热烈欢迎，若启蒙人的思想，你就会被打倒"（Voltaire，1972，第 274 页）。

实际上，从伏尔泰到赛义德，我们可以看到一脉相承的思想。赛义德在其最新作品《知识分子的表述》（*Representation of the Intellectual*）中指出，知识分子已经被边缘化了，而且是脆弱的评论家。他写道，知识分子就是"那些公开提出令人尴尬的问题以对抗正统和教条的人……就是那些不会轻易地被政府和公司同时'相中'的人"（Said，1994，第 32 页）。他强调，知识分子"要么选择与弱者为伍，替少数人、被遗忘或被忽略的人说话，要么与强权者沆瀣一气"（Said，1994，第 1 页）。

>关于知识分子的一些基本问题尚未解决——他们没有办公室要保护，也没有领地需要巩固和防卫。因此，在他们的行为中，自嘲多于自夸，直截了当多于吞吞吐吐。但是，无法回避的一个现实是：知识分子如此的表述方式，将无法使他们在高官中交上朋友，也不能为他们赢得官方的荣誉。这一境况让人深感寂寞……

（Said，1994，第 XVIII 页）

这是一个令人同情的形象，但是它与现实有什么关系呢？没有"吞吞吐吐"？没有需要要防卫的办公室或领地？孤立地存在。在哪里会出现这样的情况？或许在阿尔及利亚，但是，在美国或法国几乎不大可能。我们能够说德里达或赛义德过着未被承认的边缘化生活吗？（如果真有这样的生活，那么德里达已经把"吞吞吐吐"上升为一门科学了。）事实情况或许刚好相反：他们和其他具有反抗精神的知识分子都在重要的机构里身居要职；他们经常吃吃喝喝，不仅拥有一份丰厚的薪水，而且还能时不时得到数目不菲的演讲收入。这些人在我们制度中的地位举足轻重。

这类知识分子中的许多人，像康内尔·韦斯特（Cornel

West）或卡米尔·帕利亚（Camille Paglia）[①]，外人无法直接联系到他们，只能通过负责他们日程安排和经费的经纪人与其接触。当然，这些知识分子经常宣扬他们的边缘性，但他们的边缘性似乎越走越远了。贝尔·胡克斯（bell hooks）[②]——她的名字用小写来表示，这也是她的"斗争"的一部分——是纽约城市学院一位杰出的教授和黑人女权主义人士，最近她详尽叙述了一个关于边缘性的悲伤故事。在一次空中旅行中，她的一个持普通客舱机票的黑人朋友，不能和她一起在头等舱就座，因为头等舱中与她挨着的邻座是一位白人。教授对此感到无比愤怒——类似事件常常发生在她身上，由此激发了她创作《狂怒》（*Killing Rage*）一书的灵感。

这些故事反映了知识分子的边缘性，还是他们的特权？或者，我们应该倾听她诉说的其他令人震惊的有关受伤害的故事。例如，一位就读于哈佛大学的黑人研究生曾说到，在一次有关女权主义理论的课堂上，大家在阅读胡克斯教授的作品。"然而，那天大家在讨论这部作品时，一位白人女教授宣称，没有人真正被我的作品打动……这位年轻的黑人女学生只能沉默并感到自己受到了伤害"（hooks，1995，第8—10页、第60—61页）。在哈佛大学研究生的课堂讨论上，通过对一本书

[①] 康内尔·韦斯特现任教于普林斯顿大学，哲学家和民权活动家。卡米尔·帕利亚现任教于美国费城的艺术大学，热衷于女权主义和大众化批评。——译者注

[②] 贝尔·胡克斯为格罗利亚·沃特金斯（Gloria Watkins）的笔名，美国作家、女权主义者和社会活动家。——译者注

的评论,"边缘性"获得了其意义,或者说,"边缘性"被重新定义了。

问题的关键在于:对北美和欧洲知识分子任何冷静的评价,都不是简单地对易受伤和独立的批评家的经典形象给予赞同和支持,而是要联系不断更新和多样化的现实。任何分析都必须考虑到这样一种可能性,即边缘性与其说是一种现实,倒不如说是一种姿态,而那些自称为"局外人"者,实际上已经是彻头彻尾的"局内人"。诚如阿加兹·艾哈迈德(Aijaz Ahmad)(1992)最近指出的,"后殖民主义文学"(post-colonial literature)这门专门研究边缘化文学的新兴学科,与其说是一个具有颠覆性的研究领域,倒不如说是为大批亚洲上层社会移民在大都市的大学中找工作提供了一个好机会。

固然,人们必须在这一点上小心谨慎——制度的成功与知识分子的贡献之间不存在直接联系。或者应该换一种说法:一个人从制度看是"局内人",但从学术思想看是"局外人"。丰厚的薪水和稳定的职位很难阻止知识分子从事具有创造性和颠覆性的工作,微薄的薪酬和不稳定的职位也不是产生革命性和批判性思想的先决条件。这方面我们不能把话说满。这一点对个体来说如此,对于群体却未必。如果要评估知识分子生活的长期变化和一般性结果,采用社会学观察方法是有效和必要的。

激进的终身教授？

奇怪的是，最近，正是那些保守人士演变成了激进的教授。他们称当前的知识分子是"激进的终身教授"(tenured radicals)。

制度化、专业化给知识分子队伍造成了一定的损失。近年来，主要在德国、法国和美国，人们展开了无数次关于知识分子所面临的新形势的讨论。通常这些讨论围绕的一个主题是：今天的知识分子在哪里？我们的让-保罗·萨特（Jean Paul Sartre）们、海因里希·伯尔（Heinrich Böll）们或刘易斯·芒福德（Lewis Mumfords）们在哪里？正如德国小说家博多·基尔霍夫（Bodo Kirchhoff）所说的（转引自Vogt，1993）：

> 德国作家的影响力一度超过了公众舆论。但那个时代已经结束。最后遗风犹存的作家们——理想主义者、空想家、殉道者、法院弄臣、叛逆者以及其他无法归类者——已经被驱逐出"非友即敌"这种二分法的理想乐园……我们之间都是不痛不痒的同事关系。

当然，这种想法并没有被普遍接受，然而令人惊讶的是，我们多少能达成一些共识，即知识分子已经成为专业人员和教授，他们都是"局内人"。更让人惊异的是，多数自由主义者将其视为进步的标志。

我将托尼·于特（Tony Judt）关于法国知识分子的作品《不完美的过去：法国知识分子（1944—1956）》（*Past Imperfect*：*French Intellectual 1944—1956*）这本存在很多严重缺陷的书作为出发点。于特的书是对近期法国公共知识分子——萨特（Sartre）们和梅洛·庞蒂（Merleau Ponty）们——衰败的一个乐观报告。他把那些历经严重冲突、错误、欺骗和盲目的知识分子称为"英雄的知识分子"。他用愉快的口吻，讲述了这些知识分子的衰败和被更有责任心、更为细致的思想家取代的经历。引用他的话就是：

> 尽管，至今还有一些知名的知识分子，他们的名气和收入在很大程度上来源于他们为杂志撰写稿件和出版著作，但社会科学的发展以及高等教育规模的扩张，已经为这些教授们提供了改善生存状况的机会。他们以专家身份进入学术圈……这鼓励着他们采取谦虚和谨慎的处事态度，因为典型的专家信念告诉他们：首先应当取信于自己的同事而非整个世界……这与几十年前的情况有明显不同——那时马尔罗（Malraux）、加缪（Camus）、萨特、穆尼耶（Mounier）以及其他同时代人的作品，通常是信息不全、充满了慵懒和无知，也不会引起如今这样的指责和争议……今日文明社会的知识分子被市场的理性效益控制着……如果要按自己的意愿行事，从附属机构和学科规范

的角度提高工作质量,知识分子们最好保持"地方性的影响力"。这样看来,公共知识分子的衰败和教授职业的复苏这两个现象的同时出现就不是一种巧合了。

(Judt,1992,第 296—297 页)

上述分析表明,专业化、市场、机构附属和学科规范都有助于提高知识分子的生活质量和话语权——这些方面曾一度被侵蚀和腐化。且不谈于特对法国古典知识分子变化的轻描淡写(见 Wall,1994),这里令人印象深刻的,现在不仅有对知识分子越来越好生活的轻松、乐观的分析,更有历经不同周折、跨越不同政治坐标的人们都高度认同他的观点。女权主义者、后结构主义者、解构主义者、后殖民主义者等等,都在庆祝旧式知识分子的终结和新式知识分子及新型公共环境的崛起。像于特一样,这些知识分子或多或少在捍卫自己及周遭公众的利益。

让-弗朗索瓦·利奥塔(Jean-François Lyotard)的观点通常与于特不一致,但在一点上却有相似的立场。利奥塔在《知识分子的坟墓》(*Tombeau de l'Intellectuel*)一书中指出,旧式知识分子关注的是"普遍性话题"(universal subjects)。然而,专业化和现代理论物理学已经否定了"普遍性话题"的思想。知识分子不能再以"普遍性"的名义插手公共事务,知识分子的地位只能是"地方性"和"防御性"的。在利奥塔看来,这些发展是"可喜"而不是"可悲"的,"普遍性思想的衰败或瓦解，可以让深受'整体性'（totality）束缚的思想和生活获得解放"（Lyotard，1984b，第11—12页）。

和于特一样，一位英国教授乔纳森·卡勒（Jonathan Culler）描述了关于专业化的美好情景。他对那些指责专业化和学术化的"危机叙述"提出了抗议。他坚持认为，"我们不仅必须维护专门化（specialization）的价值，而且必须维护专业化（professionalization）的价值，还要解释专业化如何将思想转化为现实"。卡勒对专业化满怀期待：专业化提升了"批判或学术"的"严肃性"，使之不会与"报章""大众作品"或者"专论"混为一谈。专业化将引导同辈人做出明智和民主的抉择。

> 在做出重大决定时，职业主义可以减少盲目冲动和个人偏见。职业主义还有助于改变评价方式：评价的权力从受雇于纵向科层结构的批评家那里，向横向的制度评价转移。因而，作为这一制度交流媒介的批判性写作，成了文学教师职业环境和身份的中心议题。
>
> （Culler，1988，第55、30页）

甚至像迈克尔·沃尔泽（Michael Walzer）这样小心谨慎的思想家，也加入到支持专业化的行列。在《批评家的同伴》（*Company of Critics*）一书中，沃尔泽指出，当代批评家并没有真正与其所在的社会"疏远"。事实上，他们通常是屈指可数的全职教授。当代社会评论家"对他们所生活的社会没有特别的敌意，他们也没有特别疏远所生活的社会"。他们的写作属于沃尔泽（1988，第 8—11 页）所赞赏的"主流批评"。在《解释和社会批评》（*Interpretation and Social Criticism*）中，他毫不客气地批评了传统的知识分子评论家，认为他们是格格不入的局外人。边缘性并非是"漠然、冷淡、思想开放和客观性状态"的前提。"有距离的批评"（disconnected criticism）往往意味着"操纵和强制"。沃尔泽本人是高等研究院（The Institute for Advanced Studies）的终身研究员，这一机构每周都有午餐聚会，这为知识分子提供了一个与众不同的、更好的"活动模式"，"在这里，该学术俱乐部的成员、地方法官、有关的批评家与同行展开辩论，在这一过程中，各自的权威有誉有毁"（Walzer，1987，第 37、39 页）。

最后，我们来看看安德鲁·罗斯（Andrew Ross）在《不敬：知识分子与大众文化》（*No Respect*：*Intellectuals and Popular Culture*）一书中的观点。他写道，如今很清楚的一点是，"反抗者的衣钵已不再披在自治的先锋派肩上：他们既不是大城市里的精英知识分子……也不是浪漫的新吉卜赛人"。如果现在还有人可以扮演这一角色的话（也许根本就没有），那应该是福柯所谓的"技术的"或"专业的"知识分子及其"专业的人文主义者"，他们在学术界有争议的领域发挥着"专业的影响力"。这给边缘群体开辟了康庄大道。

旧式知识分子退出历史舞台

在我看来,专业主义的思想已经渗透到了政治和理论领域。人们以不同的热诚祝贺旧式知识分子退出历史舞台——那些旧式知识分子曾秉承普遍主义,向普通民众传播他们的思想。人们还不乏愉悦之情地宣告,来自大学的新专业知识分子诞生了。这些知识分子仅在各自的专业网络内工作,并为专业的听众服务;同时人们不无轻蔑地抛弃了关于知识分子地位衰退的说法,并关注知识分子生活取得的进步。

这些事实多数都无可争议,但对事实的解释却值得商榷。随便用"衰落"和"危机"字眼,容易让出道不久的知识分子从负面来描述"进步"和"发展"问题,但这样的描述与知识分子"衰退"本身一样值得怀疑。知识分子的生活是否取得了明显"进步"和"发展"?像罗斯本人或斯坦利·菲什(Stanley Fish)这样的新锐文学评论家,是否就比早期的埃德蒙·威尔逊(Edmund Wilson)更优秀?像布尔迪厄(Pierre Bourdieu)这样的新兴法国知识分子,是否果真比早期的亨利·勒菲弗尔(Henri Lefebvre)更出色?对那些追求潮流的人来说,没有什么比不断进步更自然的了。

对专业化的欢迎和庆祝的态度让人觉得不可思议,因为专业化的历史和对专业化的批判都由来已久、广为人知。同时，对专业化的批判和专业化本身的发展又是相伴而生的——专门的知识和专业的听众都在不断发展。在这方面，"非此即彼"的思想显然是不合适和不可取的。我们一方面赞同专业化，一方面又批评过度（或异化）的专业化，这两者并不矛盾。不容置疑的一点是：这一趋势对非专业化和未被"认证"的思想家和作家的处境将很不利——在过去他们是否属于特权阶层也值得怀疑。

结论：知识分子与公共领域

在结束本文时，让我再讨论一个与专业化相关的议题，即公共领域的问题——哈贝马斯（Jürgen Habermas）已经把"公共领域"问题作为自己研究的一个中心议题。要讨论大学内部和外部的知识分子，我们就需要探讨公共领域的本质。理论上说，古典、独立的知识分子是与"阅读型"大众（reading public）休戚与共的，而"阅读型"大众本身又是城市化和教育的副产品。新时代的知识分子面对的则是更加分化、专业化和游移不定的大众（如果大众的整体规模没有变小的话）。

激进批评家对普通公众的看法，与他们对古典公共知识分子的看法是一样的：说好听一点，他们对过去的一切有怀旧情节；说难听一点，他们在替精英主义伪装和辩护。有一本叫作《虚幻的公共领域》(*The Phantom Public Sphere*)（Robbins，1993）的文集，就是讨论此问题的。批评家们带着某种正义感，潜心研究了哈贝马斯的观点，发现它是一种误导。有一种批评观点认为，哈贝马斯提出的公共领域概念是"具有争议的问题，这里不同、对立的公众相互争夺空间，而某些'公众'（包括妇女、少数族裔以及像城市平民、工人阶级和农民这样的大众阶级）却被排除在外"（Eley，1992，第325—326页）。

上述批评的问题并不是彻头彻尾错误的。确切地说，这样的批评最终赞美了"部分公众"，并对"反抗"（rebellions）加以神化（主观化），这与对普遍主义的批判如出一辙。人们批评哈贝马斯关于公共领域的观点是静止、男性主义和排外的，这不仅表明对边缘性"公共领域"的承认，更表明一种接纳的态度——这些边缘公共领域更有价值、更具颠覆性。这些边缘性公共领域被认为是"反公众性"（counterpublics）或"次反公众性"（subaltern counterpublics）的一部分（Fraser，1992，第123页）。边缘性公共领域是解释各种形式的反抗性文化生活的一个起点。

例如，文化研究专家认为，"电视谈话"或"消费"构成了一种新型的公众反抗活动。一位哈贝马斯理论的批评家写道，"消费凸显了资产阶级公共领域自我矛盾的反公共性"。这位作者同时指出，"涂鸦"（graffiti），主要是一种"黑人男性亚文化",也体现一种"反公共性"。该作者引用了对涂鸦的另一种解释,认为它是"对所有艺术品地位的批评,当然也是对所有个人消费的一种批评"(Warner,1993,第254—255页)。

对古典知识分子的批评和对普通公共领域的批评有异曲同工之处。前者招致了这样的怀疑,即"普通大众"是用以控制和操纵的工具——人们怀疑这些抽象概念不仅是错误的,而且是权力的工具。在这些政治信仰的背后,隐藏了更广泛的、在有限范围内难以讨论的哲学问题。

说得尖锐些,对普遍性的怀疑本身就值得怀疑。地方或特定的观念是为维护地方和特定的机构服务的——从历史观点看,抽象概念的提出是进步的标志。也许,这里可以引用一位知识分子的话作为注脚。20世纪60年代,赫伯特·马尔库塞(Herbert Marcuse)倡导了他所标榜的"伟大的拒绝"(great refusal),即号召人们拒绝与残忍的经济和社会制度合作。"伟大的拒绝"是一个不寻常的政治(或许无政府主义)思想。然而,这种观点的来源是美籍英国哲学家阿尔弗雷德·诺思·怀特海(Alfred North Whitehead)关于普遍性(universals)本质的哲学讨论。怀特海指出,艺术和批评中的普遍性都超过它们的特殊性。这就使普遍性无法获得准确的意义。任何一种特殊的"红花"不是普遍意义上的"红色"。那么,还存在这样普遍的"红色"吗?答案是肯定的!那么,"平等"的情况又如何?关于"平等"的矛盾无处不在,甚至那些倡导平等思想的人自身也充满了矛盾。那么,"平等"会因为这些矛盾而失去普遍性吗?在《科学和当代世界》(Science and the Modern World)一书中,怀特海(1964,第143页)指出:

> 如果关于特定真实场景的命题是错误的,那么这一事实具有重要的审美意义。这一意义的基本点就是:这一事实体现了"伟大的拒绝"。特定事件的决定性意义,与该事件的错误命题的重要性是一脉相承的……这些先验观念构成了所谓的"普遍性"。

这里"伟大的拒绝"经常(但并非总是)存在于对平等和权利的普遍性主张之中。这一思想激励着现在和过去那些仗义执言的知识分子。

第七章　大学与公共政策

威廉·梅洛迪

"……大学的社会职能正变得日益宽泛。人们不再清楚大学在社会中究竟处于什么地位,甚至也不清楚社会的本质是什么。"

(Readings,1996,第 2 页)

"机械化……一直控制着知识领域……自由思想的环境正处于被科学、技术和知识的机械化破坏的危急关头……"

(Innis,1951)①

---

① 摘自 1948 年 7 月 23 日在牛津举行的英联邦大学会议上发表的《一个重要的评论》(*A Critical Review*)一文。——作者注

引　言

在大学发展的整个历史过程中，大学理念和大学制度是被周期性讨论的两个活跃的主题。当大学受到教会、国家或者后来的商业这些社会主导性机构攻击的时候，此种讨论变得更为激烈。在英国、美国、加拿大及其他国家，大学现在就处于这样一个时期。各种文献（学术论文、政府报告、期刊等）都在连篇累牍地探讨现代社会中大学职能的问题。大学职能也是媒体报道甚至电台谈论的话题。

与以往相比，目前关于大学问题的讨论，更多与公共政策和更广泛的公共讨论有关。显然，大学与这一争议利益攸关，因为它直接影响到大学的拨款，同时也关系到政府和商界对大学科研、教学和其他活动的影响。大学需要恰当地确立自己的位置，以大量令人信服的事实来证明自己在过去、现在和将来社会中的职能。然而，从市场角度看，大学并未很好地履行生产和传播知识这一最基本的职能，大学既没有完成手头的任务，也没有提出未来的职责愿景。这方面，大学没有向社会提供令人信服的理论解释或大量的事实依据。具有讽刺意味的是，在社会走向未来"信息社会"和"知识经济"的过程中，大学被普遍地视为"问题"的一部分，却不能提供问题的解决方案。

过去,大学认为自己应该远离或超越公共政策的纷争。大学教师定期参与公共政策的讨论,通常被看作是一种"社区服务",而不是分内的职责。虽然大学也为一些工业巨头和政府首脑提供一些个别咨询服务,并在某些方面取得了显赫地位,但是,这种工作既得不到鼓励,也没有奖励。由于大学要为未来信息社会作准备,因此大学理应认真考虑自己与公共政策讨论之间的关系,并积极参与其中。这些讨论不只涉及大学政策,更应视为重新界定教育使命的一部分。这就需要重新构建未来大学的理念、职能和责任。

本章将讨论大学如何参与公共政策讨论的有关问题,这不仅是为了应对外部批评和政府拨款削减的一种防卫性需要,而且是作为大学传统办学目标的自然延伸,也就是说,大学并没有很好地履行其社会职责,因此我们寄希望于21世纪的大学来继续这一事业。从大背景看,目前美国、英国和加拿大的高等教育系统的特点是庞大、多样、多学科、本科生和研究生教育兼备、教学与研究并重。在此我不打算讨论小学院和其他专业院校的社会责任问题,因为我们可以假设:它们将继续在一个多元化的高等教育系统中履行各自的职责,当然即便是这些院校,也需要重新考虑自己在"信息社会"的职责问题。

超越理想主义的大学理念

格雷厄姆·沃拉斯（Graham Wallas）（1934）和哈罗德·英尼斯（Harold Innis）（1951）等人曾分析过希腊文明的口头表达传统如何为创造性思维提供最为有利的条件。这些学者担心这样的有利条件正在逐步消失。正如英尼斯（Innis，1951，第191页）所说："当课程内容涉及人类行为和情感时，口头表达的传统尤显重要——它对于探索新真理的重要性要胜过对真理传播的价值。"口头表达传统衰落的原因，主要是"现代知识数量激增带来的压力"及"知识的日益机械化"（Innis，1951，第191页）。科学的发展，尤其是通信技术的进步（从书写、造纸和印刷术到无线电），反映了知识重心［用英尼斯的话说是"倾向"（bias）］的转移，即从注重创造性思维和探寻新真理，转移到注重对已有知识的标准化传播和保存。

沃拉斯和英尼斯是在第二次世界大战后大学大规模扩张之前，或者说是电视、电话和计算机在社会中广泛普及之前作上述评论的。而今的发展趋势大大超乎他们的想象。他们解释了为什么现代大学的基本功能是传播制度化的知识（即传统智慧）。大学仍然需要培养创造性的思想，但是如今知识传播的职能日益突出，知识创造的职能显得微不足道。

因此，我们很自然地发现这样的情况：如果大学一方面要在社会上争得一席之地、获得大量的资源，另一方面又不放弃理想主义的大学理念，希望学术团体免遭外部干扰，以便通过创造性的思想去发现真理，那么这样的做法必然遭到怀疑或蔑视。对于那些靠接受大量捐赠而生存的小型文理学院来说，或许这样的理想主义思想仍有意义，因为这些院校具有良好的人文传统、独立的财政渠道、较为富裕的"客户"以及较小的规模，它们可以自由地选择自己在未来社会的职能。但是，很久以前大学就超越了这一理想主义观念。对于大多数创办于19世纪的大学来说，这样的理想主义已无从谈起。今天，大学是社会上的一个体系庞大、肩负大量公共服务任务的重要机构，其中最重要的职责是传播知识。大学的理念必须考虑这种现实要求——大学已经成为一个重要的社会公共机构，关于大学合理性的讨论必须考虑这一背景。

大学的制度改革

在整个19世纪，新大学的拨款和大部分旧大学规模的扩张，都是为了满足主要的公共目的，而不是为了鼓励探究精神和创新思维。在美国，19世纪许多州兴起的公立赠地学院，其基本目的就是成为"一种服务全州的工具，成为服务当地立法的专家库"（Bok，1983，第 3 页）。这些赠地学院大部分已经发展成为大型的州立大学，它们折射出现代美国大学最普遍的办学理念。这些大学的实践已经成为其他大学（包括一些私立大学）效仿的典范（Kerr，1963）。

大学规模的扩张受到一种流行信念的推动，即，大学学历不但能创造良好的就业机会，还能带动经济生产力的增长。这导致了入学人数的迅速增加。为满足政府、企业界和其他专门职业之需，医学院、法学院、商学院等专业学院纷纷建立起来。在美国，超过 50% 的高中毕业生都要接受某一种类型的大学教育。政府和工业界都开始资助大学中大型的专项研究课题，这些项目集中在科学和技术领域，并直接服务于政府和企业的重大项目。20 世纪 60 年代开始，这些项目的范围扩大至一些社会问题，社会科学因此有了显著发展。

在美国，现代大学理念和职能的转型已经得到了广泛的阐释。哈佛大学前校长德里克·博克（Derek Bok）（1982，第 7—8 页）曾指出：

> 随着社会发展越来越依赖大学，大学也愈加依赖社会以获得经费，维持大学扩张的需要……简言之，到了 1975 年，联邦政府开始采取一系列规范学术的政策，使这些政策更符合国家的需要。

英国和加拿大的高等教育遵循了相似的发展道路。虽然它们起步较晚，发展速度不如美国快，与公共政策执行的联系也不如像美国那么直接，但是，这两个国家的确沿着相似的道路在迅速发展。英国高等教育发展目标的调整，至少可以追溯到20世纪60年代初的《罗宾斯报告》(Committee of Higher Education, 1963)。① 英国大学的扩张是伴随福利国家的发展而出现的。作为公共机构，多数大学承担着服务公共政策目标的责任，这一理念至少被贯彻了30年，并扎根于英国和加拿大的大学之中，而在美国，这一理念的基础则更为深厚。

近年来，政府财政赤字的不断攀升和社会人均实际收入的持续下降，迫使政府对所有福利性机构的绩效和这些机构提出的资源要求进行严格评估。作为重要的公共机构，大学已被要求对其公共服务的绩效、所提出的公共资源需求以及公共资源的管理效率作出说明。对于大部分大学来说，这是第一次作为公共机构被要求进行全面的"陈述"，多数大学只能仓促应对。

在多数情况下，大学试图用理想主义的大学理念来证明其合理性——强调学术自由、要求免受外部影响、强调通过自由的探究精神来发展新思想、强调通识教育的价值等等。这就是说，除了为自身的目的，大学在本质上不应该为任何人负责。长期以来，这一观念一直维系着"理想的"大学理念，现在小规模文理学院的情况大抵如此，但是20世纪晚期，作为重要公共机构的现代大学面临的现实不同了。随着大学拨款的不断

---

① 《罗宾斯报告》之后的十年里（1963—1973），英国全日制大学的学生数几乎翻了一倍，全日制终身职员增长了50%以上（Dominelli and Hoogvelt, 1996, 第72页）。——作者注

增加，大学资金的提供者们（政府和企业）认为，这些观念即使不是自我放纵，也是自私自利的。

此外，大量证据表明，大学在管理公共资源方面效能低下。大多数大学只是注重从外部获取资源，而不考虑这样做是否会削弱大学的独立性，也不考虑大学是否有能力承担被赋予的职责，更不考虑管理的效率和效益问题。大学获得的资源被越来越多地用于行政支出，而非教学、科研和其他教育性服务的开支。在培养研究生和本科生、雇佣教职员工方面，大学都强调资源获得的即时性，而没有长期的规划。这导致了教育中的商业周期性，在社会用人需求最小的时候，大学却提供最大数量的合格毕业生。终身教职制度很少被用来保护学术自由，让大学中的独立思想免遭外部干扰，而是更多地被专业人员用来强化和规范内部思想，无限制地保护不良表现，这样大学教师就可以免受大学毕业生过剩带来的职业竞争的冲击。

总之，在很大程度上现代大学是依赖赞助商和捐助人运作的机构，其管理只为资金供应方提供短期服务。与小学院的资助情况相反（许多大学是从小学院发展起来的），大学捐助人在向大学提供赞助时，更加注重短期而非长期效应。大学不会因实施通识教育而得到慷慨的资助，大学获得资助更多是基于它完成公共政策目标的情况。大学一直受到政治影响，最终大学必须强调办学绩效。过去几十年随着福利国家制度的建立，"现代"大学也演变成失控的官僚机构。大学对公共资源扩张的要求已经达到极限,在许多人看来,大学的确需要进行改革。

福利国家的制度改革

目前,大部分西方民主国家都处在福利国家制度改革的阵痛中。作为公共资源的主要需求者,现代大学是福利制度改革的一个部分。这些改革在不同国家的动因和目标各不相同,但是,一个共同的影响因素是:国家无法承担不断增长的资源需求,这一点在经济日益全球化的情况下尤其如此。有些改革的方向是明确的:增强市场的调节功能(如私有化、放松管制等);淡化政府职能;政府承担的社会责任在减少;政府各项计划的目标和质量在降低;更加重视成本—收益分析的运用,建立效能考核标准和严格的效益最大化原则;政府细化对项目管理的监控手段,增强政府在其中的控制和影响力。从根本上说,大学管理应向公司化方向发展。大学需要实行公司化的管理方式,来自商业、行政和集资等方面的专业人员都将参与大学管理,而以前这方面的工作是由学术人员担任的。所有这些都预示着多年前英尼斯所说的"机械化知识"正成为现实(Innis,1951)。

尽管学术界对大学传统理念的衰落发出了警告,现代大学却只能别无选择地参与到这场改革进程中。现在大学已牢固树立了一个基本信念：作为一个机构，大学的主要使命是贯彻与高等教育有关的公共政策。大学改革中家长式的政府行为减少了（有时则是完全放弃），在这一过程中更广泛的公民个人和公共利益（如教育、卫生）以及社会整体利益（如环境法规、公共传播和反垄断规则）得以彰显。

在自由经济条件下，许多领域中的政府角色正从社会和公共服务的提供者，转变为不同利益集团诉求的独立仲裁者。例如在英国，传统上公共设施（水、电、煤气、电话）是在统一的服务政策下，由公共机构以合理、公平的价格提供的。这些机构是公共基础服务的垄断性提供者。在私有化和自由化之后，这些"市场"仍然被高度垄断。追随美国模式，设立了政府管理机构来监督这些行业。但是，这些政府管理机构并不追求社会和公共利益目标。他们倾向于扮演公共服务和大企业消费者方面的利益仲裁者。同样，过去那些通过独立研究来探讨社会和公共政策意义的政府部门（例如环境、食品和药品、消费者保护等部门），现在在决策前必须充分评估研究结果是否体现了不同利益群体的立场。在福利国家的改革中，政府放弃的重要职责之一，就是对许多领域发展中的社会和公众利益意义进行独立的应用性研究。政府越来越成为不同利益群体谈判的舞台，却越来越少地代表更广泛的社会利益——更广泛的社会利益意味着：政府不是为特定人群承担责任，而是关注所有人的问题。在福利国家的改革中，一个尚待回答的问题是，谁来关心公共利益？现在是否出现了一个可以通过重新确立未来大学职责来填补的"真空地带"？或者，在大学日益依赖公共政策性投资的背景下，重新确立职责只会让大学面临的困境雪上加霜（引自 Melody，1990a）？大学应当考虑未来社会的基本特征是什么，自己又应该在其中发挥怎样的作用。

信息的商品化

过去 20 年里，在一般文献和社会科学研究中，一个长盛不衰的主题是：由技术推动的经济正超越工业资本主义而发展成为以信息为基础的经济模式，这一发展将给经济、社会、文化、政治形态和结构带来深刻的变化。计算机技术和通信技术的迅速发展，正让过去无法设想的信息生产成为可能，同时也使得知识可以在全球即时传播并在信息市场出售（这样的例子越来越多）。一些学者声称，美国已经把大多数经济资源投入到与信息相关的活动中，不久美国就将成为一个信息社会。计算机、通讯和信息相关的领域是全球工业中增长最快的行业，并有望在将来保持这样的领先态势。全球信息通讯部门每年的产值为 4000 亿美元，几乎占世界贸易额的 20%。许多国家的政府都指望重点依靠这些行业来推动未来经济的增长。

信息显然已经对经济运行产生了普遍的影响。这种影响在那些提供信息产品或服务的部门尤其明显，这些部门包括新闻出版、电视、广播、电影、邮电、图书馆、教育、银行、信用机构、数据库及其他所谓的"信息供应商"。信息市场的建立带来了人们的公共和个人信息观念的变化，信息社会中与市场化信息有关的产权概念也随之出现。

事实上所有社会都已经发展成为信息社会。技术高度发达的社会和强调口耳相传传统的希腊城邦（至今仍有一些这样的文化存在）之间最显著的变化，并不在于信息在社会中的功能，而在于创造与传播信息的方式。过去的口头信息传播并没有受正式市场安排的限制，如今的信息产生、储存和传播都有专门的机构，通过市场交易信息实现了商品化。也许最有意义的不在于信息容量的变化，而在于其结构、流通、机构及其依赖性方面的变化。

在任何一个时代，无论是民众掌握的技能和接受的教育，或者存储于大学、图书馆和其他机构中的知识，抑或有关生产操作过程、不同经济部门关系的事实性信息等等，任何形式的知识储备都是社会的基本资源。而知识储备的社会价值取决于知识在整个社会中的传播广泛程度，还取决于机构如何继承、补充和扩展这些知识，如何通过教育、培训和研究创新知识。

信息一旦产生，复制信息的成本要比首次生成信息的成本低得多。如同其他类似的资源和产品一样，信息被某一个人消费后，信息本身并不会消失。同样的信息仍然可以被其他人所使用；只有当我们需要将同样的信息传播给更多的人，而信息本身又能被"消费"和学习，信息传播有才可能产生额外的成本。一旦信息传播达到一定程度，不同信息的累计效应就体现出来了，因为信息传播可以通过正式学习和培训渠道之外的非正式交流来实现。因此，虽然知识存储量增加的成本也许十分巨大，但是社会范围内的信息传播通常能产生规模效应。只要信息传播的动机存在，不同社会间的信息传播也能产生规模效应。

在新的信息时代，很多新产生的信息之所以具有巨大的经济价值，是因为其稀缺性而不是传播的广泛性。例如，作为一种资源投入到工业、商业和专业活动的信息之所以重要，是因为这些信息具有专业性，所提供的是"内部"或高级知识。本质上说，在不完善的经济市场中，这种供私人消费的内部信息，有助于强化掌握这类信息的组织或个人的声望以及他们在谈判或市场中的地位。获取这样的信息不一定需要花费较高成本，但其经济价值显然在于其稀缺性，即对信息的垄断。一旦这样的信息被共知，它便彻底失去了其经济价值。

为特别客户的私人消费提供专门的信息服务已日渐普遍。服务的范围从政府信息整理和出售、为跨国公司的国际市场做专门调研，到为特殊顾客、竞争者、贸易组织或政府部门的谈判实力做秘密评估。信息服务还包括利用遥感卫星数据，掌握鱼群游动方式的详细信息、矿藏资源的精确定位、边远农村作物的生长过程等等。同时，越来越多的受资助大学研究项目，在其新知识的所有权和使用权方面会受到种种限制。在美国，已经有研究者因侵犯知识产权被判入狱。

许多国家的政府已经采取措施，限制信息市场过多介入人们的私人生活，并规范人们进入某些数据库（例如信用卡、医疗和税务档案等）的条件。显然，市场驱动下的信息获取、买卖和使用不能毫无节制。但是另一方面，信息生产有两个特点：首先，大部分数据库服务的建设成本相对高昂；其次，一旦信息服务建立起来，市场扩展的成本相对低廉。这两点极大地推动了国际范围的信息中心化和信息垄断的发展。因此，许多信息市场的竞争性比较薄弱，这给国家和国际性的政府决策提出了重要课题。

目前，教育、公共图书馆及其他有关机构必须关注一项重大任务。历史上这些机构一直承担为普通民众提供信息和知识的责任。信息技术的发展以及信息服务的拓展，有利于重建社会机构间的关系。在某些情况下，一些信息有机会直接进入市场。但是，为了适应新信息服务的发展，公共信息机构必须重新定义自己的角色，以满足不断发展的信息社会对公共信息的需求。这要求这些机构评价人们需要什么样的信息，如何才能最有效地传播这些信息。在可预见的将来，鉴于严格的公共服务预算条件，我们需要关注这样的问题：为了回收成本，有关机构可能对公众获取信息进行基本的限制。

信息的日益商品化已经影响到大学及其运作方式，包括资料的复制和使用、图书馆及其藏书政策、图书馆进入和电子数据库信息的获取、教师科研成果的知识产权的使用等等，都将受到影响。从1994年起，互联网的商业化使用迅速发展起来，在未来几年里它将有望成为商业贸易的基本手段。大部分无利可图的活动将从互联网剥离出来，信息将被明码标价来限制其获取（尽管目前还没有出现这样的情况）。目前最为紧迫的事项是制定强制性的知识产权国际协议。过去几年，中美贸易谈判在这一问题上的尖锐交锋就是明证。第一，由于信息技术的应用，信息和知识的"机械化"不断发展；第二，物质财富的数量呈指数级速度上升；第三，商业化信息垄断中引进了经济市场理论。这一切将对知识环境（诸如，什么是知识，什么是有价值的知识，知识如何传播）的建立起到明显的导向作用。

这些发展将极大地影响教育事业和大学的未来发展。率先进行的改革是自动化教学的普及（如计算机辅助学习、视频授课、电子图书馆和数据库）。正在建设中的宽带信息高速公路，将为"劳动密集型"教育服务部门（包括大学）的"机械化"发展插上电子交流的"翅膀"。

很显然，这些变化将冲击大学的基础——大学理念、职能和责任，对不同知识类型孰先孰后的看法，研究方法，培训和知识的传播方式。未来几十年里公共政策的发展与实施情况，将决定教育部门的发展目标、方向、速度、优先事项以及大学在其中的作用。大学是否应该参与关于这些问题的公共政策讨论？大学是否应通过综合和长期的研究，为这些政策讨论提供信息，以保证这些政策能兼顾对于大众和社会的意义，"普及"信息的思想是否能真正落实？在信息时代，人们是否需要重新认识大学所扮演的恰当角色？为了保障社会利益的最大化，大学是否应当向公共政策制定者宣传自己的职责？直到现在，大学对这些问题还是无动于衷。思考这些问题既符合大学的自身利益，也符合公众的利益。

信息经济时代的大学

为了稳定资金来源，维护管理上的独立性，在保持大学传统的同时又能积极贯彻公共政策，大学必须在确立自己的社会角色方面未雨绸缪。大学未来所处的经济和社会环境将与现在迥异。这里我们至少可以明确部分未来社会的特点。国际化和全球化的范围将继续扩大，全球范围内的大学竞争将不断升级。教育成为英国一项主要出口产业已经有些时日了。英国、美国、加拿大、澳大利亚等国的许多大学将变得更加国际化，这会弱化它们与本国教育主管部门的联系，却有助于加强大学与产业和贸易主管部门的联系，因为教育已经被视为一种无市场边界的服务。在那些经济迅速崛起、社会的中产阶级应运而生的"新兴发达"国家（尤其是亚洲国家），这样的服务市场大有潜力。

随着知识产权的标准化以及这种标准向更多国家扩展，新的通信网络（如因特网）将变得更加有保障，信息的商品化步伐也将日益加快。从目前的经验（如《化学文摘》①、技术和法律方面的数据库）看，信息市场的特点将决定信息很有可能走向垄断。公共信息的私有化过程将加快。

特别是当新的通信技术被全面应用于贸易关系时，国家和国际经济实体之间的相互依赖将进一步加强。一些狂热者给这些技术贴上了"信息高速公路"或"全球信息基础设施"的标签。大部分主要行业的市场结构正朝着"紧张的求大于供"（少数大型国际集团具有强大市场控制能力）的方向发展，这绝不是市场竞争这只"看不见的手"操纵的结果。这意味着，市场将只对那些有支付能力、可以给商家带来高额利润的顾客开放，而更多人将被排斥在这个市场之外。

在这样的情况下，人们可以寄希望于企业家来"开发"大学中的信息和知识"商品"——图书馆、实验室、专业人员、教授等等，以一种"摘樱桃"（cherry-picking）的方式②（即贸

---

① 创刊于1907年的美国《化学文摘》（*Chemical Abstracts*），由美国化学学会化学文摘中心（Chemical Abstracts Service）编辑出版，是举世公认的最完整的化学文献检索工具之一。——译者注

② "摘樱桃"指投资者直接从其他投资者证明有效的投资组合里挑选股票，从而很大程度上减少自己的研究投入和风险的方法。——译者注

易中的价值剥离）来挖掘具有潜在赢利空间的大学活动。这将进一步密切大学与迅速发展的信息市场之间的关系，并有助于强化这样一种概念，即现代大学的基本使命就是服务于投资者的意愿。大学将是一个独特的机构，因为它核心的专业技能和服务主要是由国家投资的。大学的独立性将越来越受到侵蚀。国家投资可能越来越不能得到保证。在为社会做出特殊贡献方面，大学将没有确切的使命和职能。这样，大学使命是否能保持大学公共利益的传统呢？

历史上，某些行业（无论是关税还是法律）被认为是"关乎公共利益"的。这些行业通过商业垄断，向公众提供合理和非营利性的服务。这样的行业包括了大部分公共事业部门，这些行业的发展间接印证了规范信息传播的必要性。按法律规定，这些行业需要为最大多数的公众提供服务，做到价格公平合理，服务不附带歧视性条件。在信息社会，公众能获得一定的信息似乎是最基本的公共事业。然而，全球性信息和通信业迅猛发展，似乎已经超出了一个国家的制度管理机制，后者无法通过政策和实践保障公共利益。

现行公共政策的主要缺陷在于：在政策选择蕴含的公众利益方面，缺乏充分的研究和分析；公共政策没有提出能反映公共利益的政策行动方案。公共利益需要从社会整体来认识，它强调社会整体的利益、成本和影响。从这一角度出发，我们应该考察市场运作以外的情况，以及特定利益集团决策者的基本立场，并评估经济发展的外部效应、公共产品和政策选择带来的社会、文化影响（参见 Smith，1989；Melody，1990b）。

与其他任何政策领域不同，信息和通讯政策特别需要我们对目前发展中的一些基本变化的长远影响进行全面、系统的分析。信息和通讯政策对于公民的信息意识和政治民主能力的发展以及各种经济、社会关系都有巨大影响。在为系统制定政策作出贡献方面，大学具有得天独厚的条件。大学没有和那些与政策结果有直接利害关系的社会机构建立密切的关系，这样大学可以保持一种非功利性的态度。大学的研究者可以比一般决策部门更加透彻、独立和持续地分析政策问题长期的经济和社会意义。除此之外，通过培训和职业实践的熏陶，大学中的独立研究者比其他机构的研究者更擅长分析政策长远的社会意义。在政策问题的许多方面，大学研究可以不必受特定利益集团的影响，也可以超越决策者通常的分析视野，从而更加专注于考察现实问题。

但是，为了更好地发挥这一功能，大学应当在三个基本方面转变其传统的角色。第一，大学应扩大其研究和分析的范围，把研究和发现的政策意义纳入自己的视野。遗憾的是，在这方面大学做得不多。为此，大学的研究者应当将决策过程作为他们研究的一个重要组成部分。这一思想也应该贯彻于课程中，在教学中不断强调公共利益和社会的理论、实践和意义。

第二，必须更加注重研究成果的传播，让政策制定人员更好地理解这些研究成果。此举是为了评估研究所得的知识对政策制定的意义。参与评估的，不仅包括政府、企业和工会组织，也应包括教育、社会和其他机构。

第三，大学研究者应更多地参与政策制定过程——不仅作为直接的观察者，更要作为定期的参与者和研究公共意义的倡导者。研究工作应比过去更重视对政策问题的贡献。特别是社会科学领域，我们已经积累了大量有关信息和沟通的零散研究。如果要评估这些研究对政策的意义，我们需要把这些零散的研究成果集中、整合起来，并系统地检验这些结论。因此，我们需要从有争议的政策问题的角度来理解知识。如果说将来大学要建立一种更加有效的研究协调机制的话，那么，这一机制需要保证知识更便于积累、更富有整体性。然而，这需要大学研究者像说服自己的同行那样，帮助政策制定者接受自己的观点。

如果新兴大学开始考虑公共政策问题的社会意义，同时辅之以强有力的信息传播手段，那么得益的将是更加广泛的社会。在大学与公共政策新的关系模式下，我们有可能更好地理解信息社会中信息的功能，以及信息对公共政策、教育（包括大学）、经济和社会发展的意义。

结　　语

为了适应福利国家改革以及社会日益走向信息化社会的大环境，大学必须认真地考虑自己与公共政策问题的关系，并重新定义教育使命，参与政策问题的讨论。大学目前的改革，是在福利国家的全面改革和国家、企业投资人加强对拨款的控制和问责制的背景下进行的。大学的独立性必然受到重大侵蚀。

在福利国家的改革中，政府显然很少再独立地就社会和公共利益的意义进行应用性研究。政府逐渐成为特殊利益协商的舞台，而不再是更广泛社会问题的代表。作为一个社会公共利益机构，大学应该从反思社会发展带来的社会和公共利益意义的角度确立自己的角色。这种定位有助于积极解决大学目前所处的两难境地，也有助于在传承学术基础的同时，发挥大学对于未来信息社会的作用。

第八章　大学与雇主：理想与现实

菲利普·布朗　理查德·史凯斯

变化中的职业生涯

在后工业经济时代，高等教育和就业的关系正在发生根本性改变。大多数发达国家已经完成了由精英高等教育向大众化高等教育的转变。与此同时，社会的私营和公共部门正经历各种形式的组织重构，这对传统的组织管理和职业生涯的观念提出了挑战。过去以个人晋升和职业保障为特征的科层制组织，正被其他一些所谓的"灵活""后科层"（post-bureaucratic）或"后现代"的组织所取代（Brown and Scase，1994）。组织机构的变化，动摇了人们关于当代社会中个人成功标准的基本看法。

其中最大的变化体现在"职业生涯"的概念上。威伦斯凯（H. Wilensky）认为，从结构角度看，"职业生涯"可定义为按声望等级划分的一系列相关工作——通过这一系列工作，雇员以一种有序、可预测的程序实现职业流动。其结果必然就是，这样的职业发展模式被"嵌入"和制度化于组织结构，并具有了稳定性——这种用人制度在几代人身上延续着（Wilensky，1960，第554页）。然而，对于现在的大学毕业生来说，要为自己的未来制定长远规划已经不可能了。大学生越来越难以设想他们的工作（以及生活方式）能够"扎根"在某一稳定的组织结构之中。实际上对于广大雇员来说，未来充满了不确定性，令人焦虑不安，这就需要他们具备处理工作世界中不可预测性的能力。与前几代人相比，今天的大学毕业生可能会在他们生涯的不同阶段面临失业。企业重组将导致员工在同一组织内以及不同雇主之间的工作变换更加频繁（Carnevale and Porro，1994；Confederation of British Industry，1994）。而且，今天大多数大学生可能选择自办企业、创办风险投资公司或在小企业谋职（Association of Graduate Recruiters，1996）。

与过去不同，如今大学生的职业前景充满了不确定性和多样性，他们的职业经验将变得更具灵活性和即时性。大学生对待工作的态度也需要更加"灵活"，在劳动力市场上他们的行为需要更加"随机应变"。与过去主要强调专门工作技能的情况相比，现在他们需要具备更广泛的技术、社会和个人技能。

在几十年前，大学生就业后，雇主通常要为他们提供培训机会，以帮助他们胜任组织中专门的技术工作。现在，对专业技能的要求并没有减少，但组织还要求大学生具备更广泛的个人能力。

出现上述趋势，不仅是因为在创新型组织中团队和项目的工作方法日益重要，更因为一般性技能对提高毕业生在内部和外部就业市场上的"就业能力"（employability）举足轻重。与科层制职业不同，现在大学毕业生需要用技能、经历和"人脉"来丰富自己的生涯履历（career portfolios），当然这样的履历难免有暂时性和不稳定的特点（Brown，1995）。因此，大学毕业生需要在不同工作环境（不同规模的企业，因全球竞争、技术革新、公司重组而实行结构调整的企业）中发挥其专业的"核心"技能。与此同时，"就业能力"也意味着大学生能够以"独立"和"自由职业"顾问的身份参与人才市场的交易（Scase and Goffee，1995）。

科层制职业的衰退

就业环境的变化对大学毕业生具有心理学和社会学的深远影响。在过去，判断个人成败主要看他在特定年龄、特定组织地位上取得了怎样的成就，相应的收入水平和物质生活水平如何。由此，判断自我和他人的成绩，主要以不同年龄阶段应该到达的成就为标准。这样，毕业生可以他人为基准，判别自我成就的大小，并据此规划个人生活（Mannheim，1940）。

同样，从社会学角度来看，大学生有可能"规划"他们的个人生活。面对一个高度有序的未来环境，学生可以规划人生不同时段的重点，诸如什么时候生育孩子（以及生育几个），是否需要谈婚论嫁，如何规划（可预期的）自己的收入等。在这样的背景下，有了一个相对有保障和方向明确的生涯，大学毕业生就可以放手地计划自己住房抵押贷款或其他形式的长期贷款项目。因此，组织生涯是过去中产阶级生活方式的轴心（Whyte，1965）。

事实上，组织生涯体现了西方资本主义的理想，它为所有人实现社会流动梦想创造了机会。只要你足够努力，有足够的才能，就可以得到精神和物质上的回报。同时，它使财富（通过个人事业成功而取得）和贫穷（对那些在精英地位竞争中失败的人来说）合法化。科层组织中精英职业发展的模式，对中产阶级的社会控制起到了重要作用，诚如威伦斯基（Wilensky，1960，第555页）所说的，"科层组织维持了人口中最有能力和技术最高超的那部分人的个人经历的连续性——否则，这部分人将会造反或者'隐退'，这可能威胁到现有的社会制度"。

然而，"个人成就"和"职业发展"的思想是建立在19世纪晚期以来公共、私营组织科层化基础之上的（Gerth and Mills，1958）。现在，高效的科层组织正在逐渐瓦解，中产阶级的传统思想、价值观和动机出现了"危机"。在社会学文献中，关于科层制本质的讨论大部分源于马克斯·韦伯的思想。韦伯指出，现代组织的发展导致世界日益科层化（Jacoby，1973）。韦伯认为，按照相关原则，大型组织正日益变得结构化。第一，结构化组织有明确的工作任务描述，所有的组织参与者都明确自己的职责和任务。有了工作的具体描述，人们就可以根据既定计划实现既定的目标。第二，按照等级高低安排这些工作，通过建立上下级的报告机制，协调组织内的活动。也就是说，通过控制关系组成的命令链建立起问责制度（accountability）。第三，科层组织中工作任务的等级结构成为个人职业奖励体系的一部分。表现良好的人可以通过正式的等级结构获得职务晋升。当然，良好的表现意味着个人需要具备忠诚品质或奉献精神，为此，组织要向员工提供某种形式的终身职位以提供职业保障（Merton，1967）。另外，工作任务的专门化促进了员工技能的提高，实现了个体和组织工作效率的最大化。有鉴于此，韦伯认为，与前工业的传统行政管理形式相比，科层制是"理性的"组织形式。但是，当科层制模式不再适应组织结构变化时，情况又将会怎样？这样的变化对中产阶级和大学毕业生又将意味着什么？

科层制度的首要目标是选拔那些能顺从、尽职和可靠地完成任务的人。因此招聘人员的重点通常是考察那些愿意按"游戏规则"行事的人,还有那些能够在劳动分工中与别人合作的人。他们不必具有"创造力""创业精神"或者"个性",因为这样的人会破坏科层制有效运作所需的循规蹈矩的文化。因此,在招聘大批基层职位的人员时,组织需要的是能按"常规"科层制方式行事的听话雇员。另一方面,组织也需要招聘其他有潜力的人来担任高级管理职位。这些人的确需要有创新和分析能力,并能够运用自己的能力制定和实施组织战略。招聘中的双重要求带来的一个结果是:高等教育制度也按照科层职业秩序被划分出等第。在经济最发达的地方,精英高等院校为组织的高级职位提供人力资源,而其他众多的普通院校则为科层制组织培养大批的技术、管理和专业人才。然而,随着组织的"去科层化"发展,高等教育与职业秩序之间的对应关系已经不那么紧密了。

组织向"灵活"范式转变受到诸多因素的推动。因素之一是,人们普遍意识到,在创新环境下,科层制显示出其不合理的一面;因素之二是,缩减组织规模可节省大量的劳动力成本,尤其是高层和中层管理人员的开支;因素之三是,工作的重新设计和职责范围的扩大,不仅提高了组织效率,而且也锻炼了雇员的决策能力、责任意识和创造力;因素之四是,信息技术的广泛应用使组织决策可以通过无人监控和沟通程序来实现。因此,在很大程度上,组织已经不需要大量只会照章行事、以高度程序化和可预测的方式完成任务的雇员。由于高效的组织需要灵活性，组织急需那些能够在充满不确定性和模糊性的环境中工作的人。在这样的组织中，权力被下放到基层行政部门和具体的操作过程中。基层行政部门和操作环节需要以最合适的方式实现各自的目标。这里，结果比过程更受关注，奖励机制也围绕工作结果来制定。在这种灵活的组织中，只有一小部分核心职员可以在组织内成就自己的事业，当然这种情况有可能被打破，因为科层制已不再无孔不入，组织的水平和垂直流动都可能遇到困难（Handy，1989；Kanter，1989）。配合这些核心员工的，是那些与组织签订了固定或临时合约却少有发展前途的雇员。这些工作人员（包括技术人员和专业顾问）只是在企业需要时才加入的。灵活组织也可能将原本由企业内部完成的工作大量"转包"给其他公司。所以，如果说科层制代表了一种稳定和有序，那么这种灵活组织则象征着变化和不确定性。

从"科层制"人格到"魅力"人格

在上述趋势下，雇主们偏爱那些能够适应这些新需求的大学毕业生。他们要求雇员具有良好的交际能力，能够"制定规则"而不是"遵守规则"。因此，我们现在可以发现，进入中产阶级职业所需的文化资本已经发生了重大变化（Bourdieu and Passeron，1964）。用文化术语来说，这种变化可以概括为从"科层制"人格到"魅力"（charismatic）人格的转变（Brown and Scase，1994；Brown，1995）。魅力人格是这样一种思想：它重视人们打破常规的、按部就班的行动结构，希望人们更具有创新和创造性行为。"具有魅力人格的人，是新秩序的创造者和旧秩序的破坏者"（Shils，1965）。

这里所说的"魅力"一词，与那些非凡精英（如宗教预言家、军队英雄或政治领袖）的概念不同。我们这里所指的"魅力"品质散见于普通人群。在本质上，魅力人格和科层制人格刚好相反，前者主要建立在个人技能和交际能力基础之上。能够与别人和谐相处并对企业文化有强烈的认同感是极为重要的能力。因此，仅仅拥有文凭或某项技术能力是不够的。现在人才市场上最被看好、最重要的，是完成管理和专业工作所需的全面个人素质。人才市场上"适销对路"的，是由技能、文凭和魅力品质共同构成的"人格组合"（personality package）（Fromm，1962）。

现在大中型组织招聘大学毕业生时，越来越强调"魅力"人格组合的重要性。我们曾采访过16家机构，涉及零售、银行业、信息技术、制药、娱乐、工业制造、会计事务、地方政府等。我们发现，雇主招聘的标准可以归纳为"合适性"（suitability）、"能力"（capability）和"可接受性"（acceptability）三方面（Brown and Scase，1994）。

合适性

传统上，"合适性"是一个技术用语，用来描述技能、知识和"执行能力"（Jenkins，1985）。然而，由于技术革新、产品市场变化、组织机构重组和企业改造等原因，要完成的工作性质可能发生了重大变化，现在的"合适性"标准，除了技术能力，还需要兼顾沟通、问题解决和人际交往能力。当然，事实上"合适性"问题还应该考虑特定公司的性质和需要完成的具体工作。像会计、市场营销和人力资源管理这样的职业，特别强调人际交往和可迁移的能力。而在科学、工程和其他研究领域，虽然非常强调技术能力，但在日益重视团队合作、领导才能和项目管理能力的情况下，这方面的工作同样也强调人际、社交技能。

能　　力

在我们所访谈的机构中，受访者热衷于对招收来的大学毕业生进行"速成"（fast-track）培训，他们自然也看重应聘者的"能力",其中包括对"先天才能"(raw talents)、"智力"(intellect)和"心智品质"(quality of mind)的评价。这些评估主要基于个人在中小学、大学的求学经历。"择优录用"(best of the bunch)政策背后的指导思想是:最聪明的人能高瞻远瞩,因而也最有可能在变革的环境中立于不败之地;他们处理问题深思熟虑,而非一味地依赖"老一套"行事。

然而,衡量能力高低并非只看个人的天生智商,还要考察他(或她)是否掌握了一些"附加值":内部驱动力、斗志、勇于实现目标、做一个"影响者"而不是"追随者"。因此,我们可以看到,企业希望招聘那些曾经用非凡方法控制自己命运的人,因为企业认为,如果一个人能表现出"魅力"品质,他们将更可能成为"灵活""创新"和"富于进取心"的人。

可接受性

"可接受性"指一个人的"社会适应"程度,具体而言指外表、兴趣、人际关系、风格、着装和谈吐,这些是一个人通过"个人调适"(personal chemistry),成功掌握组织行事方式所需的条件。与"合适性"一样,"可接受性"经常也是一个重要的招聘标准。然而,在灵活组织中,"可接受性"还包含其他更深远的意义。由于组织内的社会控制更多依赖自我管理

（Rose，1989），而非工作过程中的行为监控，因此只有在雇员愿意为企业目标尽心尽职时，组织才能有效运作（Reters and Waterman，1982）。此外，如果工作任务是以团队形式组织起来的，那么聘用有团队精神的人十分关键。但是，成为一名团队成员并不只靠与他人共事的意愿，同时也要看其他人是否愿意与新雇员一道工作。

"可接受性"标准在灵活组织中将变得更加重要，因为灵活组织打破了生活中公私分明的格局（Merton，1967）。组织鼓励雇员把工作看成是一种生活方式而非谋生手段。"可接受性"不只评价员工在"朝九晚五"条件下的工作表现。个体是否能在工作之余与同事融入社交环境中，也是灵活组织衡量个体"可接受性"的重要标准。

理想与现实

深入的实证调查支持了我们对招聘大学毕业生标准的描述。我们发现，用人单位招聘毕业生的理想和现实之间存在矛盾。虽然公司强调需要那些有创新、创造精神以及能自我激励的人，但事实上，给那些异端者、独行者、探究者或个人主义者留出的空间可能很小，因为雇主关心的是不同"人格"如何适应灵活组织中不断变化的人际关系。这表明，在向灵活组织的转型过程中，为了从不同社会、教育和民族背景以及女性人群中选拔优秀人才，公司的招聘手段可能更加"多元化"。但在现实中，对团队合作和项目工作重要性的强调演变成对"安全赌注"（safe bets）的需求，也就是说，实际上公司更需要那些具有适当文化资本的人（他们是白人、中产阶级，且多为男性）。

此外，当雇主越来越认为，组织效率有赖于沟通、谈判和团队中的人际关系技巧时，他们也愈加认为，学校、学院和大学教育只提供了所谓"习得无能"（trained incapacity）的科层制遗产（Merton，1967，第197—198页）。学术资格很少提供雇主们希望知道的关于应聘者的信息——比如，应聘者的团队工作潜能，或他们的社会和人际交往能力。学术文凭只传递了这样的信息：学生有能力和动机通过一道又一道的考试关卡；完成了指定的课程；能重复考试大纲的要点；愿意服从教师和教授的权威。

因此，为了提高学生的商业意识、沟通技能和自我管理能力，雇主们呼吁在教育事务中拥有更大的发言权。建立"学生档案"（student profiling）就是学校对雇主希望了解学生个人和社会技能的一种回应。"学生档案"不仅体现了学生在考试中的表现，更广泛地涵盖了学生的能力、素质和成就。然而，"学生档案"的建立对传统的"科层主义"教育模式并没有大的影响（Brown and Lauder，1992）。

教育系统和用人单位在知识分类、互动关系和机构组织方面均存在差异，而用人单位对教育过程的参与并没有克服双方的矛盾（Bernstein，1975）。个中原因并不难理解，这些矛盾表明，教育与劳动力市场之间结合的"强制性"，产生了非预期的结果，却没有实现教育与职业界的衔接（Bowles and Gintis，1976）。其中部分症结在于，教育机会的民主化意味着成功或失败都源自个人因素，这其中团队工作并没有受到青睐。如同英才教育思想（meritocracy）一样，能力和成就评价都是基于个人的。引入团队评估的目的是为了鼓励正规教育中的团队合作，但在评估个体的过程中，团体评估因难度大而被放弃了。同样，在学校教育中加强个人和社交技能培养的工作也很难得到广泛支持，特别无法得到精英学校、学院和大学的支持。人们更信赖学术文凭，因为它集中体现了用"看不见"的考卷客观评估"知识"的结果。

因此，随着大学毕业生就业市场因高等教育规模迅速扩张而拥挤如潮，雇主们越来越把招聘的目标锁定在被认为拥有世界上最优秀人才的精英式"古老大学"上，因为这些学校的入学竞争异常激烈，只有最优秀的人才能进入。值得注意的是，雇主们对古老大学的依赖程度取决于工作岗位的性质。对于那些需要特别职业训练的工作，新兴的"大众"高等教育机构可以通过调整课程设置来满足大公司的技术需要，并在这方面与精英大学展开竞争。然而，新兴大学希望通过各项措施，提高学生在灵活组织工作所需的个人和社交能力，实际上这些措施对于增加学生的就业机会帮助不大。"新"大学鼓励本科生培养"领导"和"团队协作"的潜能，同时希望学生在学习态度上更富创造力和探索精神。大学课程更加关注项目研究，要求学生通过项目锻炼独立工作和与他人合作的能力。尽管"大众"高等教育机构在努力培养学生这方面的技能，但是雇主们仍认为这些毕业生缺乏必要的文化资本（Brown and Scase，1994）。事实上，在雇主们看来，新兴大学采取的教学改革措施只是20世纪六七十年代对处境不利的学生施行的补偿教育的最新翻版。因此，高等教育扩张并没有为传统上处于劣势的年轻人提供机会，反而让雇主们觉得"大学数量越多，差异也越大"（Ball，1990），这进一步强化了大学学术价值的等级以及精英大学的地位。

这里我们无意贬低大学教育的价值，也不是说出身于普通家庭背景的人就没有从攻读学位中受益，或提高他们的市场价值。大学教育提供了进入劳动力市场的路径，学生可以因此避免从事低收入和无技术含量的工作。虽然完成高等教育需要大笔费用，但显然绝大部分人从大学教育中受益了。但另一方面，大学学历确实不再是取得高薪水、高职位工作的"敲门砖"。高薪水、高职位的工作岗位仍然是那些接受过精英高等教育、拥有相应文化资本的人的"专属领地"。虽然雇主们常常宣称他们愿意从广泛的大学中选择毕业生，但他们的经验证明,只有在精英大学里他们才能找到适合公司需要的学生(Brown and Scase,1994)。

职业界概况

职业环境变化的意义,已经超越了大学生初次求职的范畴,在此我们有必要进一步阐述企业重组和毕业生就业"不明朗"所引发的其他问题。白领和雇主之间因忠诚而建立的工作保障约定已经被打破。英国工业联盟(CBI)公布的一份关于21世纪大学毕业生就业问题的报告指出,"毕业生工作"的传统模式正在消失,取而代之的是充满不确定性、变化无常和无科层制特性的工作。现在大学毕业生的生涯是由不同工作(和不同技能)组合而成的,而非"从一而终"的工作(CBI,1994,第13页;Watts,1996)。就中产阶级职业生涯的性质而言,上述变化意味着一个技术问题:如何教工人成为灵活的、适应性强的和自食其力的人。

20世纪90年代初我们对大学毕业生劳动力市场定位(orientations)的研究印证了一个观点,即绝大多数毕业生对20世纪末企业现实的变化准备不足。学生普遍的市场定位是我们描述过的"传统科层制"。这一定位意味着员工对组织长期的忠诚,而组织则为员工提供相应的职业发展机会。传统科层制职业提供常规性和可预测的组织晋升阶梯，晋升带来了工资的上涨、社会地位的提高和更大的责任。科层制不鼓励通过频繁改换工作或创业而积累职业经验。

只有少部分学生对于未来就业抱有"灵活的"定位。这些学生认为，职业生涯意味着通过频繁变更工作而获得生涯经验和个人履历的"附加值"，而不是科层制等级机构内按部就班的升迁。一个相关的事实是，绝大部分具有"灵活"定位的学生，是来自本研究涉及的三所大学中的精英人才，且大部分是男生。因此，生涯"自主性"（Waterman 等，1994）发展并非通过教育改革可以解决的技术问题，也不是一个如何培养"正确"的个人心理的问题。正是 20 世纪 90 年代传统科层制在劳动力市场的发展，导致了劳动力市场力量对比的差异。

因此，我们不能简单地认为绝大多数学生对 20 世纪 90 年代劳动力市场缺乏足够的了解，事实情况可能刚好相反。在本研究中，为什么大多数无缘牛津或剑桥大学的学生，却抱有"传统科层制的"而不是"灵活的"市场定位？这是因为他们对与自己相关的劳动力市场能力有切合实际的理解。这些学生中很多人都十分清楚，要得到一个知名公司速成培训计划的机会相当困难。这是一个竞争日益残酷的市场，而他们缺乏竞争优势，他们清楚自己的主要任务是获得一份有劳动力市场庇护的工作（Ashton，1986）。对于那些来自工人家庭、少数族裔的学生或大部分女性学生来说，情况尤其如此。例如，被采访的一位亚洲人和一位加勒比黑人认为，传统科层制职业为他们提供了在工作竞争中免遭歧视的避难所。一些女学生也认为，传统的科层制路线是解决"事业"和"家庭"矛盾的一个途径。一方面，人们认识到，通过不断换工作来实现事业的进步，家庭和工作将很难兼顾，抚养孩子将不可避免地中断工作，另一方面，在传统的科层制组织中，这样的中断对自己事业的影响不大。当她们从传统女性标准出发，意识到为了养育孩子可以离开工作岗位一段时间再回来工作（或者可以兼职）时，科层制的好处尤其明显（Crompton and Sanderson，1990）。

确实，与任职于"灵活"或"后科层制"组织的同行相比，科层制组织中那些不能进入高级管理职位"速成培训"的人可以免受潜在的"不安全组织因素"侵害。理论上讲，科层制组织制定有明确的雇佣和解聘、晋升程序和员工考核制度及程序。为此，这些组织通常会设立一个专门委员会，它被授权根据既定规则实施这些程序。特别是在一些公共部门，这样的委员会中通常有员工代表参加，有时，组织会根据合法性和公平性的标准来执行这些程序。在这样的情况下，"专断的"管理决策大为减少，而在人力资源政策方面，管理者也不能随意发号施令。"去科层化"的一个关键动因是，管理层试图消除劳资关系和人力资源管理方面的一些繁文缛节。

然而，在灵活组织中，这些规则的废除使雇员利益更易受到损害。现在他们没有足够的能力要求延续以前制定的规定和程序，他们更容易听命于管理者的专断决定。组织的变化趋势正不断强化这一点，公司管理不仅在"去科层化"，也在"去中心化"，已有的汇报制度（reporting structure）正在被打破。于是，许多组织开始实行"联营制"（federate structure），就是把许多相对自治的商业单位联合起来。有时它们由诸多子公司构成，或者是一些损益（profit-and-loss）或预算中心。但是不管何种形式，在管理实践上都呈现出从科层制向灵活形式转变的过程。理论上说，这种灵活管理形式摒弃了那些受规则约束的行为，强化了个人自主决断的能力。换言之，这种组织变成了一个联合体，其中各成本中心（cost-center）的领导为了发展或保护各自的商业利益而展开资源竞争。

在这种情况下，这些实体单位的领导者拓展了组织自治的范围，他们可以在选人、晋升和奖励分配等工作中推行自己的人力资源战略。他们能够发展自己的组织"文化"，据此确定员工行为适当与否，并采取相应的奖惩措施。他们能够自行确立"领导潜力""个人效率"和"交际技巧"的判断标准。其结果便是，培养了一种服从和循规蹈矩的行为文化——员工必须根据商业单位高层管理者的命令和规定行事——尽管公司在理论上强调个人创造力、授权和个人成长。换句话说，"后科层主义""去中心化"的组织形式具有"个人保护"（personal patronage）和"个人赞助"（personal sponsorship）的特点，这类似于黑手党的庇护（patron-client）关系。

所以，那些缺乏文化资本的人会很自然地发现，在这样的灵活性组织中自己处境不利。另一方面，那些在"精英大学"里接受过教育的人，对人际关系的精微之处有着深刻理解，他们可以利用这一点为自己的利益服务。因此，灵活组织的出现会让许多雇员感到不平等和不公正（Smith，1989），同时在组织内部"复制"了社会上特权阶级和弱势阶级泾渭分明的格局（Scase，1992）。难怪妇女和其他曾在历史上被剥夺权利的群体，会明确表示希望在科层制组织中工作的意向（Goffee and Scase，1989）。

声誉资本

当然，上述观点都有这样的预示：大学的职能是为人们的就业做准备——既包括即将毕业的大学生，在后工业社会中，也包括劳动力市场上的在职人员。实际上，尽管政府采取政策努力促成大学教育与工业需要之间更加紧密的联系，但大学是否能承担此重任，依然存有疑问。在社会转型期，高等教育的角色正在变得模糊不清。与 20 年前相比，大学已经在许多领域（特别是在人文和社会科学领域）失去了作为知识提供者的垄断地位。现在，如果要在大学学习社会和经济不平等方面的知识，人们已经没有必要背井离乡、居住在局促的房子里、从事一份低报酬的兼职。传统的 50 分钟一堂课的知识传授模式，现在正受到了信息技术的挑战。人们已经能够通过多媒体计算机、远程会议和互联网来进行各种形式的远程学习。

此外，直到 20 世纪 70 年代中期，还没有多少社会科学家在传媒领域工作。今天，大量报纸、杂志、电视和广播的记者、编辑和制片人，都在大学里学习过一些社会科学的知识。随着媒体技术的普及，他们已经能运用自己的知识，在社会科学知识传播方面与大学展开竞争。例如，那些对贫穷和不平等问题感兴趣的人，从计算机数据库、报纸和杂志获得的新信息和分析，要比从学术书籍和期刊获得的信息更多。甚至就自然科学而言，信息技术的发展也让人怀疑上大学的必要性。随着互联网这样的革新技术的不断普及，学生可以在世界范围的杰出教授们那里广泛选择课程。学习过程可以借助信息技术实现互动，而不必拘泥于特定场所面对面的方式。因此，研讨室、讲座礼堂和大学校园不再是进行高深学术活动的必要条件。

那么，为什么大学规模扩张与学术知识垄断地位受威胁两者同时发生呢？原因很简单，知识传播只是大学的一部分社会职能。另一个同等重要的事实是：很大程度上大学一直掌握着高级文凭的垄断权。确实，只要大学还保持对考试过程的垄断，学生在什么地方学、怎样学，就不那么重要了。大学已经在远程学习和向世界各地院校授予教材使用权（如果不是教材出版权的话）方面扮演了关键性角色。对大学来说，至关重要的是保持或不断提高其声誉资本,在与其他类型的高等教育机构竞争"名牌"证书(branded certificate)的过程中,实现大学"产品"(文凭、学士学位、硕士学位、博士学位)市场价值的最大化。毕竟,对学生来说,一个重要的问题是:在劳动力市场上,他们的竞争优势究竟在哪里?当劳动力市场中有30%的人拥有大学学历时,其文凭所蕴含的声誉资本,要比人口中仅有5%的人拥有大学文凭时更加举足轻重。

尽管大学教育只能为少数学生提供中产阶级的"职业"前景,但是,没有迹象表明未来几十年里社会对高等教育的需求将会下降。科层制职业的衰退和就业保障的缺乏,意味着大学教育只能帮助学生避免长期失业,或者学生不用从事低技术含量的工作,过低收入的生活。一个更加正式的说法是,对高等教育的投资是一项"防御性"开支,这一点对于那些无缘精英大学的学生来说尤其如此。瑟罗(L. C. Thurow)和卢卡斯(R. E. B. Lucas)指出:"教育成为一种明智的投资行为,这不是因为教育能增加个人的收入,而是基于这样的考虑:如果别人接受了一定的教育而他却没有,那么他的收入将很低,而接受高等教育可以让他的收入比不接受教育高一些。"(引自Hirsch,1977,第51页)

可以预见,后工业社会的政府已经把高等教育视为解决年轻人失业问题的一个途径,因此高等教育规模将会进一步扩张。随着信息技术的广泛应用,现代社会对体力劳动的需求已经大为减少。相应的，进入 21 世纪后，失业率可能会更高，个人连续工作的时间也不像过去那样漫长了。如同让工人提前退休是为了缓解就业压力一样，上大学也成为推迟年轻人进入劳动力市场时间的一个途径。的确，年轻人上大学有助于中产阶级的精英理想"常葆青春"。

对于年纪稍大的成人学生来说，大学给了他们再培训和变换职业的机会。同样重要的是，大学也可以帮助他们"重塑身份"。大学可以为成人学生"摆脱"自己每天习以为常的"身份认同"创造良好的环境。所以毫不奇怪，一些学生上了大学后便与自己过去的伙伴断绝了关系，重新在大学建立人际关系网、发展自己的文化兴趣、参加社会政治活动。所以，虽然接受高等教育十分有益于个人发展，但是中产阶级的职业抱负并不能广泛实现，这就意味着，在未来十多年的时间里，"过度教育"（over-education）将成为一个重要的政治问题。

现在我们离"虚拟"大学系统还有一段距离。这是因为，信息传输方式及其社会背景与课程内容同样重要。灵活组织的雇主强调个人和社交技能，而大学作为一种"精修学校"（finishing school），旨在培育为社会所需的各类文化资本，因此对于那些渴望进入专业领域和管理"生涯"的学生们来说，大学教育变得更加重要。从我们对高等教育和企业再造的研究来看，成人学生已经清醒地认识到，大学是接受社会教育的重要渠道（Brown and Scase，1994）。他们意识到，如果为了养家糊口而不得不在课余时间继续工作，他们就会失去与其他学生交往和建立关系的机会，而一旦他们进入劳动力市场，这样的人际关系将大有用武之地。因此，大学的核心职能是发展个人和社会的身份认同，这是现代知识技术所不能替代的。

总而言之，尽管人们试图密切高等教育与职业的关系，但是高等教育制度与发达社会的职业要求之间的关系已经越来越复杂。灵活组织的发展强化了高等教育中"精英"和"大众"教育之间的界限。尽管如此，随着现代社会由工业化时代向信息时代过渡，高等教育同时发挥着其他的社会学和心理学的功能。但是，除了最知名的高等学府外，也许大学不再像过去那样是人们实现社会流动的康庄大道了！

第九章　结论：一簇充满希望的火焰

安东尼·史密斯　弗兰克·韦伯斯特

想象与现实

在英国,"大学"一词很容易让人联想到那些经久不变的传统形象:古老的建筑,被学生包围着的超凡脱俗的学者,而学生们的主要兴趣却在于聚餐、运动和老同学聚会。我们可以在一些电视剧里看到这样的场景,如伊夫林·沃(Evelyn Waugh)的《重访布拉德海德》(*Brideshead Revisited*)、弗雷德里克·拉斐尔(Fredrick Raphael)的《闪光的奖章》(*Glittering Prizes*)、汤姆·夏普(Tom Sharpe)的《蓝色酒馆》(*Porterhouse Blue*)。电影《虚幻境界》(*Shadowland*)、《火焰马车》(*Chariot of Fire*)、《不变的蓝色》(*True Blue*)中也有这样的镜头。许多小说也或褒或贬地描写过大学的形象（Carter，1990）。

然而事实上，大部分英国大学的历史都没有超过30年（Scott，1995），只有少数几所大学有上百年的历史。这些大学都与更广的社会有着长期而密切的联系（参见 Sanderson，1972），而学生情况也与他们在银幕上的形象大不相同。今天我们看到更多的景象是：大学生是在大都市的大学里学习商务课程，而不是在传统的"联合大学"（collegiate university）里学习哲学。这种印象与现实的反差让我们看到了大学的另一个重要特点——大学从来都不是一成不变的。相反，大学一直在改变并适应新环境。无论是19世纪的大学开设新的英语文学和自然科学课程，还是第二次世界大战后不久，大学断然实行以考试成绩作为学生入学标准的精英主义原则，无不体现了大学随环境而变的特点（Carswell，1985）。

无论世俗对大学的印象多么根深蒂固，大学机构从来就不曾有过统一的模式。所以，牛津、剑桥一直与利兹（Leeds）、莱斯特（Leicester）等"红砖大学"① 共存，并保持了各自的惯例和独特性。到了20世纪60年代，一些新的远离城市的大学［如苏萨克斯（Sussex）大学和肯特（Kent）大学］和过去一些高级技术学院［如布鲁内尔（Brunel）学院和萨里（Sur-

---

① 红砖大学（redbrick universities），指英国地方设立的，声望不及牛津、剑桥的大学。这些大学成立于19—20世纪初期，因其校舍多为砖墙，故名，而牛津、剑桥校舍则为石砌墙。——译者注

rey）学院］共同加入了大学的行列，但各自独特的定位依旧存在。后来，一些过去的多科技术大学又加入其中，这些多科技术大学在 1992 年被重新命名为大学，并开始转移它们的工作重心，但诸如宽松的入学条件、与职业的紧密联系等特点保留下来了。也许在《罗宾斯报告》发表和 20 世纪 70 年代末之间有这么一段短暂的时期，大学盛行寄宿制学术氛围和师生密切接触的大学理念。但回顾过去，我们感到庆幸的是，这段时期是大学寻求变革、适应环境和走向差异性的漫长历史的一部分。

现在，我们尤其有必要重申上述观点，因为近些年高等教育的变化，很容易被认为是对过去一切的颠覆。在此我们并不想低估从精英教育到大众教育转变的意义，但是如果我们相信，发展和适应一直是分化的高等教育系统的主题，那么人们对今天大学变化的诠释就有过度渲染之嫌。

所有阅读了本书的人都会注意到，近年来高等教育的变化具有广泛性和多样性：学生数量迅速上升；高等教育投资持续下降；大学基础设施急需更新；破旧的校舍无法满足学生数量激增的需要；学者的身份和地位显著降低；大学教育日益强调职业特性；在问责制和公众纳税人名义下兴起了审计和评估文化；"同僚治理"（collegial government）模式已实现向专门化管理方式的关键性转变；大学与外部机构的合作得到了大力促进和鼓励；新兴学科及相关知识急剧增长；本科课程从以基础课程（conversion）为主向模块化（modularization）转变。

诸如此类的变化给大学系统带来了巨大压力。它们必将给大学生活带来"真切"的转变。对许多学者而言，最明显的感受就是自己失去了对所从事工作的控制权，而这正是学校主管部门和校外政治人物推行改革的结果。学者们感受到学校只是自己的"工作"场所，而不是因职业志趣相投而聚集一处的学术团体。

学生的情形也与以往有明显不同。学生数量在迅速增长，而人均享有的资源在不断减少，校园因不同性质学生的加入而人满为患，学校教育无暇顾及学生的个别需求，学习过程更加无人过问，学生只能自行摸索。曾经作为高等教育一大特点的师生亲密关系，现在也鲜有所见。随着师生接触机会的减少，学生满意度和目标感也在下降。

有迹象表明，许多名为全日制、实则兼职的学生，被迫（在酒吧、餐馆、办公场所等地）通过打工来补贴日益减少的教育资助。"政策研究所"（Policy Studies Institute）一项最近的研究表明：有三分之一的学生在本科期间一直在打工（大部分是不连续的）（Callender and Kempson，1996）。许多研究者据此推测，在这种情况下教育水准一定会下滑（虽然从获得学位的数量来看，结论可能相反）。现在有更多的学生——实际上有二分之一的学生——获得第二级以上学位或第一级荣誉学位，而20年前这一数字还不到三分之一。但是有许多人怀疑学位分类原始统计的可靠性。他们对比了许多学生的一般入学资格与他们在毕业评价中的成绩，怀疑大学教育是否如宣称的那样给学生带来了许多"附加值"，并指出了教育质量标准表面化的倾向——一方面，学习机会在减少，学习设施不足，与教师交流稀疏；另一方面，评价标准普遍降低，闭卷考试被课程作业取代，不同大学的质量标准差异很大（参见 Higher Education Quality Council，1996a；1996b；Gibbs et al.，即将出版）。

从精英教育到大众高等教育的转变、资源不足的压力和不断强化的外部控制力量，这一切难免让人产生失望情绪。值得欣慰的是，仍然有人向往着"黄金时代"的小班化教学，高水准、准备充分的学生，慷慨的拨款和院校的自主性。

已取得的成就

入学机会

不管人们对昔日的大学有什么向往，怀旧者们至少会对大众化高等教育发展中的两个重要成就赞赏有加。首先，由于规模扩张而带来高等教育入学机会的扩大。虽然占同龄人口数三分之一的入学率意味着我们仍然有可以提高的空间，但是与不久前相比，值得称道的是大学之门已经敞开，过去可能与大学无缘的学生现在如愿以偿了。再者，入学标准降低以后，许多成人学生有望接受高等教育，虽然大学因此而增加了压力，但这无疑是一种进步，因为这些学生的经历和求学动机可以给其他大学生带来积极的教育作用，同时也为那些中学毕业后无缘进入大学的人继续深造树立了榜样。

当我们为入学机会的扩大而欢欣鼓舞之际，也应看到不利的一面。正如菲利普·布朗和理查德·史凯斯在前面章节中提到的那样，受就业市场的影响，现在大学学历的分量已经减轻。很显然，现在有大批大学学历拥有者在竞争工作岗位。大学学历并不能够像以往那样，保证其拥有者获得一份中产阶级的职业。现在的工作越来越缺乏保障且变化无常（用流行的术语来说是"灵活性"）。显然，学生的职业期望与开放的工作种类并不匹配。今日许多大学毕业生很快将对他们的职业生涯感到失望。

我们不是因为高等教育大众化引起的"文凭贬值"而高兴，而是欣慰于大学开放带来的深层次影响——高等教育给个人转型、身份塑造（或重塑）带来的变化——无论对于已经工作或即将参加工作的人来说，大学都可以发挥这方面的作用（参见 Boyer，1987）。而质量方面的变化，不是那些困扰高等教育发展的绩效指标可以衡量的。并不是说不应该提出像"毕

第九章　结论：一簇充满希望的火焰

业六个月之后，贵校学生的就业率是多少"这样的问题，但是我们认为，提出这样的提问对于了解大学生整体生活的真正含义而言未免过于狭隘了。我们很容易低估大学扩张带来的重大作用——这些作用有目共睹，却难以量化。

当然，高等教育入学人数的增长并不意味着现在的学生可以接受与上一代人一样的教育。如今的班级规模是如此之大，无法做到因材施教；教师的压力如此之大，无法给学生提供足够的个别指导；科研任务的压力如此之大，教师无法重点考虑教学工作；图书馆如此之分散，不能像过去一样提供资料复印服务。然而近几年来，尽管困难重重，上大学的机会还是有了显著的扩张，这无疑是一种积极的力量，无论是学者们系统研究的结论（参见 Pascarella and Terenzini，1991），还是我们与所谓"非传统"学生的对话，都证明了这一点（参见 Caul，1993）。

教　　学

近年来高等教育取得的第二项成就是教学方面的。一直以来，大学总能涌现一批优秀的教学成果。但是学者并不需要像展示科研能力那样来证明自己的教学能力。直到现在，教师聘任委员会也很少要求候选人出具教学能力方面的证明，但他们一般会考虑应聘者的教学能力（参见 Astin，1993）。

在过去几十年中，教学方面的理论与实践的确有了长足的发展。大学的新教师在上第一堂课时不再孤立无援，不再只是凭借自己的个性魅力、知识和对教学的热情走上讲坛。现在年轻教师们能得到权威人士的指导，包括如何有效地教学、如何更好地提高学习水平、学生应该如何组织以及如何让他们专注于自己的学习（Gibbs，1996）。毫无疑问，为了满足大学生性质和类型的变化，大学需要重视教学工作。另外，在英国，大学研究很少关注大学教学问题。以前的多科技术学院在教学方面倒是做了一些开拓性的工作。这些学院从一开始就将办学重点放在教学而不是科研上。不管怎样，教学优先的思想已经得到广泛传播，并产生了重要影响——例如，教师开始不依赖"讲座和开列阅读书目"的教学方式；教学评价不只是大学三年级时的十来次三个小时的闭卷考试，而是采用了更加合理的评价手段；教学策略呈现多样化趋势；教材编写更加细致并结合了学生的需要。

总体看来，教学活动的不断改进是非正式和正式机制共同作用的结果。通过人际网络、校外评审员（external examiner）、专业团体、课程审定委员会（validation panel）等渠道，"好的教学实践"在同行中得以广泛传播。最近推行的"教学质量评估"（Teaching Quality Exercises）可能遭到了诟病，这项政策被视为诸多部门下达的强制命令，但这项评估活动中有一大批同行担任评估员——他们将从评估活动中获得同行的经验教训，带到自己和其他的学校，这必将促进教学实践的进步。

尽管教学工作还有许多地方有待完善，但是今日大学在教学方面的进步是显而易见的。至少，现在大学生在入学时（甚至入学前），就可以明确各自学位课程的目的和不同科目的要求；每门课程伊始，学生就明确了要达到的预期结果，以及与学习目标相联系的评定方式；现在的大学"课程指南"内容非常完备，绝非过去笼统罗列的参考书单可以比拟；课堂上分发精心准备的讲义也成为惯例；信息资源利用和学习习惯的入门教育也被纳入了正式课程；细致的评估工作表明教师在认真考虑学生的学习成效。虽然高等教育入学率有大幅度提高，而教育资源没有同步增加，但教与学方面取得的上述进步，使得学生学业成就水平一直得以保持，甚至有所提高（参见 Lucas and Webster，1997）。

后现代大学？

对于一些人来说，要他们承认大众高等教育发展的积极成果，实在有些勉为其难，因为他们满眼是高等教育走向衰退的景象（参见 Bloom，1987；Hirsch，1987）。本文后面将继续分析这些反对声音背后的原因,现在让我们讨论一下对目前正在发生事情所作的最激进的解释。齐格蒙特·鲍曼和彼得·斯科特的文章提到了一批思想家的不同观点,从中可以看出,高等教育不仅在不断适应环境,同时也在完成一次重大的转型,即向"后现代大学"转变。在这一转型过程中,关键问题不是如何以较少的资源完成面向更多学生的教育任务,也不是如何为大学寻找新的收入渠道,或在混乱年代如何无望地维持学术标准。所有的变化都是根本性的,因此后现代大学与此前的大学很少有相似之处。这些新型大学无疑是一种异类,如果从通常的院校特征看,后现代大学徒有"大学"之名。与这一趋势相伴而生的是,任何大学内部也充满了异质性。不同部门之间,甚至同一部门内部、同事之间,也很少能理解彼此的工作。他们建立起来的专业性和话语系统严重割裂了彼此的沟通。

持有上述观点的思想家们认为,大学转型代表了一种知识转型,也就是从所谓"知识模型 1"向"知识模型 2"转变。其中"知识模型 1"强调同质性,它根植于等级化的强势学科,知识通过师徒关系传递给学生;"知识模型 2"则是非等级、多元、跨学科、变化迅速的,它对多样化需求(如多样化的学生性格和企业需求等)具有社会敏感性(Gibbons 等,1994;参见 Lyotard,1993)。由于没有可识别的统一性,也不可能取得目标和工作方法上的一致,多元知识体系的建立宣告了大学共

第九章 结论：一簇充满希望的火焰

同目标的终结。[①]

学术界存在丰富的"差异性"：不同学者追求不同的知识；研究团队因不同课题而建立不同的组合方式；不同类型的学生以不同学习方式、学习动机参加不同的课程；不同类型教职员工的就业制度也不同——在后现代的、灵活的和"兼容并蓄"的大学中，到处都充满了"差异性"。

上述关于大学所发生变化的描述，听起来很有道理。显然一些观察者并不完全赞同鲍曼教授和斯科特教授的观点，但仍然认可以上大部分的经验性描述。例如，比尔·雷丁斯（1996）分析了大学领导者们普遍的言论——他们在极其广泛的领域（学生会工作、科学研究、校友联谊、体育场馆、停车场、教学、管理委员会、机会均等诸方面）都取得了"卓越的"成就。雷丁斯认为这一现象说明，虽然人们一直在寻求统一的高等教育目的，但还是没有达成一致看法，而如今这样的努力被彻底放弃了，取而代之的是彻头彻尾的相对主义思想，现在任何东西都可以被冠以"卓越"之名。

我们"欣喜地"发现了如今大学对"多元声音主义"（multi-vocalism）的狂热，但大多数参加富布莱特座谈会（本

[①] 吉布斯等人（1994，第3页）如此区分了两类知识：在"知识模型1"中，问题是在由特定学术兴趣团体控制的环境下确立和解决的。相反，在"知识模型2"中，知识的目的在于应用。"知识模型1"以学科为基础，而"知识模型2"则是跨学科的。"知识模型1"表现出同质性，"知识模型2"则表现出异质性。从组织角度看，"知识模型1"是分层的，知识形态保持稳定，而"知识模型2"则纷杂而短暂。不同的知识模型使用不同的质量控制方式。与"知识模型1"相比，"知识模型2"有肩负更多社会责任、更具自反性的特点。——作者注

书缘起）的代表并不认为这一现象值得高兴，也不认同这样的"多元声音主义"。一方面，很多与会者从"知识模型1"（而不是"知识模型2"）的角度出发，坚定地认同启蒙思想的重要性。迈克尔·伊格纳季耶夫（Michael Ignatieff）主张大学应该致力于培养学生的"人文怀疑精神"（humane skepticism），这种怀疑精神的基础是传统学科的分析工具和知识体系。这一主题回应了保罗·菲尔默所提倡的非功利性原则（第五章），作者将这一思想发展成为每一所大学应该遵循的基本原则。本质上，这些论点是现代主义的，我们可以在拉斯金、阿诺德和纽曼的理论中找到这些论点的渊源。

另一方面，具有讽刺意味的是，主张异质性大学的观点将遭遇抵制，是因为它没有充分估计大学内部和大学之间"等级性差异"的现实。我们可以说，被冠以"大学"之名的英国高等教育机构已经超过了100所，而且从表面上看，每一所大学都与众不同（大学内部同样是分化的）。虽然这让我们很难在充满差异的大学系统中给各学校定位，但是差异性不能消除大学的等级，认为大学没有等级的看法对学生也是有害的。后现代主义者可能拒绝对事物下定论，而雇主、学生、一般学者和普通民众希望有定论（Brown and Scase，1994）。虽然定论本身是变化的，也有其不完善之处，但整体上说，大学、学系、学科还是各有其位的。其中，有些院校的定位是明确的，如牛津、剑桥和帝国学院；地位不那么明确的院校有利物浦（Liverpool)大学和纽卡斯尔（Newcastle）大学；而对于像波尔顿（Bolton）和德比（Derby）这样的院校，其地位又是明确的。当然，涉及具体的学科领域，或个别学生的需要时，我们的结论需要更加谨慎一些。但是，承认对差异性下判断的困难，并不能否定这些院校在本质上是具有等级性的。实际情况正如艾伦·里安（Alan Ryan）（1996）所言："大家心知肚明，只是难以启齿。"

正如学科专业评审委员会定期对研究成果和教学水平进行的评估并不是一种偏见一样，承认高等教育的等级性也不是一种盲目的势利。正如布朗和史凯斯明确指出的（第八章），如果要讨论"社会公正"问题，那么我们必须保持现实主义的立场。在就业市场上，剑桥大学学位的含金量要比英国其他任何地方性的大学学位都高（参见 Purcell and Pitcher, 1996）。毫无疑问，一些院校的研究水平要比其他院校高。同样，一些大学的评估标准的执行力度不如另一些大学（HEQC, 1996）。针对特定环境中的特定人群，我们可以不急于下结论，但若因此而忽视差异性的存在，则是对高等教育固有的社会不公平现象的漠视。如果我们要解决社会不公正问题，那么首先要拒绝后现代主义相对论（伪平等主义常与之相随）的蔓延，避免以差异性为借口而不作结论；同时拒绝不假思索的"更多就是更坏"的观念，因为这一观念没有明辨教育系统中细微的差异与变化。

大学的终结？

近来，关于大学衰退或消亡问题有许多评论。主要有三个理由支持这样的论点。第一，知识来源的多样化削弱了大学对知识的垄断地位。特别是互联网、多媒体技术甚至闭路电视等技术的广泛运用，都印证了这一趋势。在高高的大学院墙之外的虚拟空间，人们还有其他获取知识的途径：讨论小组（discussion group）、研究网络（research network）、电子公告牌（bulletin board）以及新兴的虚拟大学。

第二，教学方法的不断改革。如果能很方便地在家或在办公室从在线数据库获得同样（甚至更加）丰富的教学资源时，人们为什么还要上大学呢？一个更广泛的问题是远程学习。远程学习突破了传统大学教育在时空上的局限性，学生可以通过网络领略任何学科领域知名专家的风采。如果将麻省理工学院或帝国学院的工程学课程"打包"，通过信息技术公之于众，那么其他大学的工程学系课程可能会被冷落，至少那里的课程会被大量缩减，代之以知名大学更高水平的课程。虽然"特许（franchising）课程"并不像网络课程那样"张扬"，但也体现了大学教育突破时空限制的趋势。因此，人们已经越来越有可能在距学位授予机构千里之外的地方接受教育，或者在远离主校区的当地继续教育学院接受一年级课程的面授。

第三，由于思想库、企业的研究和开发实验室、独立研究所和政府代理机构等的成功兴起，大学作为研究资源提供者的特殊地位正在受到削弱。其中有些机构开展研究工作已有些年头，但近几十年，这些机构的实力有了长足发展，并形成了一定的市场影响力。英国的"德莫斯"（Demos）、"经济事务研究所"（Institute of Economic Affairs）和"亚当·斯密研究所"（在北美有更多类似的小型组织）这类研究机构都预示着，高校在科研方面的至尊地位已经被打破（Cockett，1994）。最值得关注的是那些附属于大企业的研究力量，如英国电信（British Telecom）、英国帝国化学工业集团（ICI）和美国电话电报公司（AT&T），这些机构每年有数十亿美元的研究预算，招募数以千计的博士后研究人员（其中还包括一些诺贝尔奖获得者）。除了能享受更丰厚的薪水和更舒适的环境，这些机构的工作条件与大学里的研究人员完全一样。

如果注意到"企业课堂"（corporate classroom）的发展，我们有理由对上述所有的变化感到欣慰。据最近的估计，高等教育投入中有整整一半来自企业（The Economist，28 October 1995）。例如，IBM公司不仅每年花费10亿美元用于研究和开发，而且拥有八个大学园区。当然，大部分公司在研发投入方面还没有发展到像IBM那样的水平。然而，这些公司利用不同手段与现有大学实现联姻：赞助大学的教席、提供奖学金、投资科研项目、提供个性化的课程、建立密切的咨询关系等。随着大学的日益市场化以及与企业合作意愿的不断加强，企业参与高等教育的进程也在不断深入；同时，传统高等教育也相应地在改变自己的形态。在很多人看来，传统大学的办学重点和原则被抛弃了。

上述变化也许可以被视为现代大学衰落的标志，或者至少是向后现代高等教育的决定性转变。从经验性事实看，这一发展趋势毋庸置疑。然而，与大学正在被颠覆的看法形成对照的是，我们可以肯定，大学依然保持了在合法文凭颁发中的实际垄断地位，这可以证明大学的生命力所在。的确，一些专业团体通过不断给专业认证附加上课程学习的先决条件，在某些领域不断施加影响力，一些大学因为大量推行"特许课程"而招致声誉受损，然而，有些具有悠久历史的专业团体（尤其是医学和法学领域的专业团体），它们服务于大学的内部生活，通过保持不同力量之间的平衡，维护了学术的自治和传统。虽然"大学特许经营"是一个新术语，但作为一项实践它并非新生事物。伦敦大学向校外授予学位已经很多年了，但是也没有人认为这是大学终结的信号。

在此我们力图强调大学的适应性问题，因为在某种意义上说，变革可以成为延续传统的方式。在目前，大学最突出的特点是它拥有学位颁授上的垄断。毫无疑问，你可以从英国电信公司（BT）学到高水平的电子工程技术；你可以从IBM公司学到全部计算机专业方面的知识；你甚至可以从财政部学习经济学的知识。一些知识密集型组织，如亚瑟-里特尔（Arthur D. Little）管理咨询公司，甚至还授予公司的硕士学位。在将来，这样的趋势有望继续发展下去。然而事实是，除了个别情况，这些机构授予的资格，其可信度要比权威大学授予的资格低得多。这一点不仅学生和公众认可，企业自己也明白。

我们可以这样认为，公众对大学学历授予权力的广泛认同，表明他们承认构成真正大学的核心品质，因此长期以来，资历认证成为高等教育的关键功能。这就意味着人们同意这样的观点：大学不能蜕变为功能性、工具性和利益代言者的机构。据说，在芝加哥附近的汉堡大学（McBurger University），麦当劳公司可以授予学位。也有传言称，迪士尼公司有意将其"信息娱乐业"（infotainment）扩展到研究生培养领域。但是，这样的例子只是极个别的，一般也就是荒唐的笑话而已，它们只是从反面论证了高等教育的发展趋势。它们并不预示着真实世界的发展结果。相反，大学文凭的合法性，说明公众相信，某些高尚理念（而不是商业化或工具主义）引领着大学教学活动以及与教学相伴并不断支持教学工作的科学研究。保罗·菲尔默在本书第五章所描述的"非功利性"原则就是这样的"高尚理念"。商业机构的教育质量问题（如果商业机构还有资格讨论质量问题的话）总是岌岌可危，因为商业机构有比质量更重要的考虑事项。

当然，这些论点与后现代气质格格不入，后者主张一切均是利益问题——虽然对于后现代分析者来说，利益存在多样性（如性别、身份、年龄、地位、特权等等），没有任何一种利益居于支配地位。然而，这些理念在我们看来仍然是大学生活的关键要素，在某些特定意义上，它们反映并界定了大学的特点。应当补充的一点是，教育质量绝不只意味着大学应该按照自我标准，在课程建设和课程评估方面保持独立性。教育质量也意味着，高等教育不只传授使人胜任特定职业的知识和技能。我们希望大学生具备这样一些素质：能进行批判性探究和理性的辩论、能从现象中提炼出观点、理性地评价论点、既能独立学习又能小组学习、能有条理地表达自己的思想、让自己的思维日臻完备、开启想象力和自省能力、提高分析问题的能力、能运用概念思考问题。这些素质也许很难衡量，而学术界总是含蓄地表明他们已经达成了这些培养目标，但这些能力是否在大学期间得到了提高，值得探讨（参见 Pascarella and Terenzini，1991；Astin，1993）。

我们不能够保证所有的大学课程和所有的大学生都在培养这些品质，我们也不能保证学生们都有机会使用这些品质。我们不认为他们无法在其他地方培养这些能力。然而我们认为，在大学外部培养这些能力要比在大学内部困难得多。克里尚·库马尔在第三章中强调了大学作为一个特殊的集合场所的重要性，这一点言之有理。我们高兴地看到，到目前为止，大学仍然是一个教育的场所,是满足人们理想追求的首选机构。这一点在大学章程、价值体系和日常行为方式中都有所体现。

很明显,这点也得到社会(甚至大学的企业捐赠者)的广泛承认。当企业向大学提供越来越多的捐赠时,它们自然会表达自己的目的。很明显,私营企业不是不计得失的利他主义者,它们一定有自己的利益追求。大家都能看到,产业界倾向于为管理、金融和应用学科提供资助,而对那些"相关性"较小的学科,如人类学、哲学和历史学,则少有眷顾。当然也有例外情况,如装饰艺术专业一直是捐赠受益者,个中理由不言自明。那些深受市场欢迎的学科领域并没有内在的教育优势,但是,市场支持的失衡将严重干扰大学的目标和优先事项。同样令人感到担忧的是,当学术界过度专注于追求公司赞助时,也许会助长偷懒思想和虚假繁荣(参见 Thompson,1970)。然而,向大学提供私人捐助具有悠久的历史,令人欣慰的是,大部分捐赠者知晓应该满足大学自治的基本需要,因此在相关规章中并没有给大学捐赠附加制约性条件。

公 共 利 益

在大学内部,关于商界对大学支持的"厚此薄彼"现象一直受到大量关注。大学同事们经常在公共场合发表对一些学科膨胀的牢骚,如开设旅游、零售管理等专业,在工商管理专业专设新的"特斯科(Tesco)①教授"岗位。教师们抱怨,这样的发展将导致高等教育的毁灭。同样的批评还扩展到课程设置过度专业化的问题上。但实际上,加强与"真实世界"建立紧密联系的口号喊得最响的,不是企业界而是政府部门。

我们同样对这一发展趋势忧心忡忡。然而,比尔·梅洛迪在本书第七章提出的尖锐观点值得寻味。对学生而言,高等教育是一种独特的个人体验,但高等教育与公共政策也有密切联系。这不仅是因为高等教育投入的最大部分来自公共财政(尽管让使用公共经费者承担更多社会责任的说法不无道理,大学确实应该继续提高其管理的透明度),还因为高等教育有必要追求公共目标,如推动经济发展、确立科研方向、增进全民知识甚至提升民主辩论的质量。

公共目标的重点之一是保证机会均等,以便人们通过接受高等教育在职业界中争取一席之地。仅出于这一原因,人们也无法期待(更不必说提议)大学回到高等教育规模扩张之前的阶段。历史上曾有如此庞大的人群被排除在大学之外,现在提出回到过去的想法是站不住脚的。在20世纪60年代,高等教育规模扩张的步伐较小,到了20世纪80年代中期则发展迅速,这给更多的人提供了上大学的机会,这方面值得我们庆贺。

---

① 英国著名零售连锁企业。——译者注

第九章 结论：一簇充满希望的火焰

然而，伴随扩张的一个现象是，家庭背景更优越的学生继续巩固了他们在许多著名大学中的地位。依据公共考试成绩选拔学生是机会均等原则直观和重要的体现方式，但是最能适应这些考试的，是那些重视并能充分准备"中学高级水平考试"（A level）和"普通中等教育证书"（GCSE）考试的学生。因此，虽然顶尖大学在招生时，试图排除家庭背景因素的干扰，着力根据可展示的成就来选拔学生，但这些大学依然是少数人的天下，只有社会阶层中的极少部分人（主要是专业的中产阶级）才有足够的能力在"中学高级水平考试"中取得28点或更高的分数。

简言之，要解决高等教育发展中的复杂问题，需要不同的"地方性对策"（local responses），同时这些问题也是大学需要面对的公共政策问题。高等教育机会均等原则现在已人所共知，但还没有令人满意的实现机会均等的途径。这当然不是要否认公开考试成绩的重要性，较之第二次世界大战前根据"最合适的那类人"（right sort of chap）的标准选拔人才，现在的考试无疑是一种进步。然而，要实现真正的机会均等，还有很多工作要做。除了"中学高级水平考试"成绩，选拔过程还需要辅之以其他信息和标准。有意思的是，恰恰是那些知名度不高的大学，采用了更为灵活的入学标准，这些标准既能体现出竞争性，又能够反映出更具包容性的"可教育性"（educability）理念。

知识分子与大学

所有关于公众利益和大学的讨论，终将回到知识分子的地位这个话题上来，其理由显而易见：许多知识分子以反思社会观念、影响社会建构为己任，这些知识分子就是以大学为"据点"的。本书中，我们从两个迥然不同的方向，讨论了关于当今知识分子的两种诠释，它们的结论如出一辙。罗素·雅各比（第六章）雄辩地指出，大学数量的增长已经宣告了公共知识分子（至少那些志在对公众普遍关心的问题发表意见的人）的消亡。因为，一方面，大学的发展为知识分子提供了衣食无忧的环境；另一方面，大学的发展也逐渐让知识分子为了职务晋升而不是公共事务而著书立说。当今，有众多的大学知识分子在使用晦涩的、仅供自我欣赏和标新立异的语言。我们可以在有关文章中发现他们"激进主义"的表达方式，例如，他们会分析"狄更斯在刻画小妮尔（Little Nell）[①] 时是如何体现男权主义（phallogocentric）的"，而原本这里的主题是："自1917年（或许从1848年）以来，世界所发生的变化从来没有像现在这样深刻、广泛和震撼人心"（Hughes，1993，第72页）。

---

① 狄更斯小说《老古董店》（*The Old Curiosity Shop*）中的女主角。——译者注

后现代大学的另一派支持者宣称，"普遍性知识分子"（他们在写作中带有一种傲慢，觉得拥有更敏锐的眼光，能把读者带进更加美好的世界）的职责已经被解除，代之而起的是更加中庸的东西——一群"特别的"知识分子，他们提供局部、艰深和专业的知识，却不付诸权威地位。用鲍曼教授（1987）的话来说，后现代知识分子是"解释者而非立法者"。普遍性知识分子的"特立独行"已不复存在，这些知识分子被多样化、竞争性和相互矛盾的知识源所抛弃，被多样化的知识所取代，剩下的只有那些被少数专家理解的知识。我们的结论和雅各比所描述的情况非常相似——大学系统没有能力也不打算介入更广泛的公众生活和公共问题。

我们可以从当今大学生活的许多方面认识这一点：长期形成的专业化可以如此轻易地分崩离析；晦涩深奥的语汇拒人于千里之外；学术的公众认可度也在下降——这一点从大学知识分子收益的相对下降，以及对低效率、无精打采的学者的讽刺漫画中可见一斑。然而，我们的看法不像雅各比或者鲍曼那样极端，也不认为知识分子融入大学职业结构是一件悲哀的事情，当然我们也不过分乐观地理解后现代社会中知识分子的"多元化声音"现象。

我们可以从实证和规范的理由来否定上述两种推论。当然，知识分子衰退的问题或许被夸大其词了。事实上，校园外的思想库和大型报纸（broadsheet newspaper）的成功，应归功于大学教师的定期参与。这也证明，高等教育有能力培养能干的知识分子，他们可以在后半辈子继续发挥和利用在大学里培养的品质。另外，只要看到大学凭借其理想和实践而获得的普遍尊重，还有公众对大学文凭合法性的认可，我们有理由质疑后现代主义者关于知识分子式微的言论。

同样，描述后现代知识分子的学者们过度强调了近些年出现的"碎片化"现象。不可否认，知识分子的自信心一直在下降。但另一方面，如果没有大学知识分子的积极参与，第二次世界大战后世界上任何一次重大的文化转型（每一次重要的知识分子思潮，包括后现代主义）都是无法设想的。的确，知识分子中存在不愿为社会发展描绘蓝图的倾向。尽管这样，我们仍然不能认为知识分子长期、严重地脱离了公共事务。相反，有人甚至认为，知识分子在公共领域中的参与有复苏的迹象，比如，人们对一些当代科学家［如斯蒂芬·霍金（Stephen Hawking）、理查德·道金斯（Richard Dawkins）和斯蒂芬·杰伊·古尔德（Stephen Jay Gould）］的作品都表现出特别的兴趣。

我们不能因为雅各比"大学已失去理想"的说法而否定大学，也不认同鲍曼的观点，即认为只要知识分子多样性的观点能够百花齐放，就万事大吉。我们的观点应和了哈贝马斯（Jürgen Habermas）的理论，就是将大学视为某种形态的"公共领域"，这个"公共领域"已在不经意间向全国和国际范围快速扩张了。从很多重要方面看，大学是知识交融的"地球村"。作为一个公共领域，大学有许多定义性特征，包括以公正、宽容、开明和怀疑精神开展理性的辩论与开放性的讨论。大学成为公共领域的一个前提，就是大学与不同利益主体保持一定距离。近年来，政府对大学的控制变本加厉，大学对企业界的依赖也更加明显，在这样的背景下，大学的独立性问题尤其值得关注。

看上去有些矛盾的是，为了让知识分子积极、有效地参与公共事务，大学的自治地位必须得到保证。但事实上，通过科研、课程和其他许多对公共事务的贡献，知识分子生活既"远离"广泛的利益集团，同时又"积极参与"了社会活动。我们不想过于夸张地描述独立性和依赖性之间的矛盾关系——大学与其资助者之间的关系从来没有得到解决过，这是一个有必要进一步商讨的问题。然而，如果要坚持和发展大学在公共领域中的作用的话，那么现在大学的自治必须得到保护（这看起来像是一种自我防护）。借用奥登（W. H. Auden）的话，大学知识分子可以在社会文化生活中成为"一簇充满希望的火焰"（an affirming flame）。为了保证火焰熊熊燃烧，社会在为大学提供燃料的同时，必须与之保持适当距离。

各章作者简介

齐格蒙特·鲍曼（Zygmunt Bauman），利兹大学社会学系荣誉教授。1964—1968 年任华沙大学普通社会学教授；1968—1971 年任特拉维夫大学社会学教授；1971—1991 年任利兹大学社会学教授。鲍曼教授的作品包括：《立法者与解释者》（*Legislators and Interpreters*）（1987）、《现代性与大屠杀》（*Modernity and the Holocaust*）（1989）、《后现代性的宣言》（*Intimations of Postmodernity*）（1991）、《通过社会学思考》（*Thinking Sociologically*）（1991）、《后现代性的伦理学》（*Postmodernity Ethics*）（1993）和《碎片化生活》（*Life in Fragments*）（1995）。

菲利普·布朗（Phillip Brown），坎特伯雷肯特大学社会学系高级讲师（Reader）。他独撰、与人合著及合编了大量的著作，包括《普通孩子的教育》（*Schooling Ordinary Kids*）（1987）和《高等教育与企业现实》（*Higher Education and*

Corporate Realities)（1994，与理查德·史凯斯合作）。目前，他正与哈尔西（A. H. Halsey）及其他人合编一部关于教育、经济、文化和社会关系的文集，同时在撰写一本关于 21 世纪资本主义、阶级与社会进步的专著〔与休·劳德（Hugh Lauder）合著〕。

保罗·菲尔默（Paul Filmer），曾就读于诺丁汉大学和伦敦经济学院。他是伦敦大学金史密斯学院"社会学研究生课程"和"当代文化发展跨学科研究项目"的协调人。他曾在城市学院和纽约城市大学研究生中心任教（1970—1972），曾于圣地亚哥加州大学做访问教授（1974 和 1987—1989），曾在哥伦比亚大学任社会科学客座研究员（1971—1972），在墨尔本莫那什大学比较文学专业做访问研究员（1989）。他曾任英国研究委员会艺术理事会顾问（1976—1980），手工艺术理事会顾问（1980—1983），从 1978 年开始，任伦敦"拉班动作与舞蹈中心"（Laban Center for Movement and Dance）顾问，也是该中心管理委员会的成员之一。他担任众多刊物的编委会成员，目前是高等教育社会学资助委员会的项目评审专家。主要出版物包括：《社会学理论新方向》（*New Directions in Sociological Theory*）（1972）、《差异理论化的语言》（*Language Theorising Difference*）（1974）和《手工艺工作》（*Working in Crafts*）（1983）。

罗素·雅各比（Russell Jacoby），目前是洛杉矶加州大学历史系的客座教授。他出生于纽约，曾就读于芝加哥大学、威斯康星大学、罗切斯特大学。他的兴趣领域包括20世纪欧洲和美国的知识与文化史、教育史。他的主要出版物有：《社会健忘症》(*Social Amnesia*)(1975)、《挫败的辩证法：西方新马克思主义概况》(*Dialectic of Defeat：Contours of Western Marxism*)(1981)、《心理分析的压抑：奥托·费尼谢尔与政治弗洛伊德主义者》(*The Repression of Psychoanalysis：Otto Fenichel and the Political Freudians*)(1983)、《最后的知识分子：学术时代的美国文化》(*The Last Intellectuals：American Culture in the Age of Academe*)(1987)、《教条的智慧：文化战争如何改变教育、迷乱美国》(*Dogmatic Wisdom：How the Culture Wars Divert Education and Distract America*)(1994)，还有一本论文集《贝尔曲线之争：历史、文献和观点》(*The Bell Curve Debate：History，Documents，Opinions*)(1995)。

克里尚·库马尔（Krishan Kumar），曾就读于圣约翰学院、剑桥大学和伦敦经济学院，曾任坎特伯雷肯特大学社会与政治思想专业的教授。1996年移居弗吉尼亚，目前是弗吉尼亚大学社会学教授。他曾是英国广播公司（BBC）谈话节目的制作人、哈佛大学访问学者、伯尔德科罗拉大学访问教授、布拉格中欧大学访问教授。主要作品包括：《预言与进步》(*Prophecy and Progress*)(1978)、《现时代的乌托邦与反乌托邦》(*Utopia and Anti-Utopia in Modern Times*)(1987)、《现代社会的崛起》(*The Rise of*

Modern Society》）（1988）、《乌托邦主义》（Utopianism）（1991）和《从后工业社会到后现代社会》（From Post-industrial to Post-modern Society）（1995）。

威廉·梅洛迪（William Melody），丹麦理工大学远程信息中心国际咨询委员会的客座教授兼主席。作为一个培训出身的经济学家，他的工作横跨了学术研究与教学、公共政策制定与执行。他是墨尔本通讯与信息技术国际研究中心（CIRCIT）的创办者及主任（1989—1994）；英国经济与社会研究委员会的信息与通信技术项目（PICT）主任（1985—1988）。梅洛迪是牛津大学圣安东尼学院的高级助理研究员（1987—1989），曾任不列颠哥伦比亚西蒙法斯特大学（Simon Fraser University）教授（1976—1985）、宾夕法尼亚大学教授（1971—1976）。他的作品涉及信息产业、技术、经济和公共政策领域。他在《加拿大百科全书》（Canadian Encyclopedia）和《国际传播百科全书》（International Encyclopedia of Communications）中撰写了数篇关于传播与信息技术方面的文章。他担任多个地方、州、国家和国际组织的政策研究和咨询工作。

理查德·史凯斯（Richard Scase），坎特伯雷肯特大学社会学系教授。他独撰、与人合著和编辑了15本著作，包括（与R. 戈夫合作）《慵懒的经理》（Reluctant Managers）（1989）、《阶级》（Class）（1992）和《高等教育与企业现实》（Higher Education and Corporate Realities）（与菲利普·布朗合著）（1994）。

彼得·斯科特（Peter Scott），曾就读于牛津大学默顿学院和伯克利加州大学（公共政策研究生院）。目前，他是利兹大学教育学教授、教育政策研究中心主任。1998年1月开始，他担任金斯敦大学校长。1976—1992年他担任《泰晤士报高等教育副刊》编辑，之前曾任《泰晤士报》主笔。他是"司法大臣的法律教育及操守咨询委员会"（the Lord Chancellor's Advisory Committee on Legal Education and Conduct）的副主席，也是继续教育发展署董事会的成员。他在1984年出版了《大学危机》（*The Crisis of the University*）一书，他的近作是《大众高等教育的意义》（*The Meanings of Mass Higher Education*）（1995）等。

安东尼·史密斯（Anthony Smith），1988年起担任牛津大学莫德林学院院长。他毕业于布雷齐诺斯学院（Brasenose College），1960—1971年任英国广播公司时事新闻节目的制作人，1971—1976年任牛津大学圣安东尼学院研究员，1979—1988年任英国电影协会会长。他任职于电视四频道董事会，是艺术委员会和阿克顿信托公司（Acton Trust）的成员之一。他的主要出版物包括：《洞穴里的阴影：广播、听众和国家》（*The Shadow in the Cave：The Broadcaster, the Audience and the State*）（1973）、《英国广播》（*British Broadcasting*）（1974）、《信息政治学》（*The Politics of Information*）（1978），《再见！古腾堡——20世纪80年代的报业革命》（*Goodbye Gutenberg—the Newspaper Revolution of the 1980s*）（1980）、《信息地缘政治学》（*The Geopolitics* of Information）(1980)、《从书籍到字节》(From Books to Bytes)（1993)、《牛津电视史图解》(The Oxford Illustrated History of Television)（1995）和《自己的软件：文化与技术》(Software for the Self: Culture and Technology)（1996）。

弗兰克·韦伯斯特（Frank Webster），牛津布鲁克斯大学社会学系教授。他曾就读于杜伦大学和伦敦经济学院。曾任教于伊林技术学院（Ealing Technical College）(1974—1978）和圣地亚哥加州大学（1981—1982）。他曾任英国社会学协会荣誉秘书长（1993—1995），担任过高级继续教育社会学负责任人项目的主席（1989—1992），是1992年社会学科研究评估小组成员之一。出版物包括：《新摄影：可视通讯的责任》(The New Photography: Responsibility in Visual Communication)（1980)、《信息技术：勒德派的分析》(Information Technology: A Luddite Analysis)（1986，和凯文·罗宾斯合著)、《技术方案：电脑、工业和教育》(The Technical Fix: Computers, Industry and Education)（1989，和凯文·罗宾斯合著)、《社会学教学手册》(Teaching Sociology Handbook)（合编，1993）和《信息社会理论》(Theories of the Information Society)（1995）。

参 考 文 献

Ahmad, A. (1992) *In Theory: Classes, Nations, Literatures*. London: Verso.
Amin, A. (ed.) (1994) *Post-Fordism: A Reader*. Oxford: Blackwell.
Anderson, C.W. (1993) *Prescribing the Life of the Mind: An Essay on the Purpose of the University, the Aims of Liberal Education, the Competence of Citizens, and the Cultivation of Practical Reason*. Madison: University of Wisconsin Press.
Anderson, M. (1992) *Imposters in the Temple*. New York: Simon and Schuster.
Anderson, P. (1968) 'Components of the National Culture', *New Left Review*, 50, May–June. Reprinted in Alexander Cockburn and Robin Blackburn (eds) (1969) *Student Power: Problems, Diagnosis, Action*. Harmondsworth: Penguin, pp. 214–84.
Arnold, M. (1983) *Culture and Anarchy*. New York: Chelsea House. First published in 1867.
Ashton, D. (1986) *Unemployment under Capitalism*. Brighton: Wheatsheaf.
Association of Graduate Recruiters (AGR) (1996) *Skills for Graduates in the 21st Century*. Cambridge: AGR.
Astin, A.W. (1993) *What Matters in College: Four Critical Years Revisited*. San Francisco: Jossey-Bass.
Ball, C. (1990) 'More Means Different: Wider Participation in Better Higher Education', *Journal of the Royal Society of Arts* (RSA), October, 743–57.
Barnett, R. (1990) *The Idea of Higher Education*. Buckingham: Society for Research into Higher Education/Open University Press.
Barnett, R. (1994) *The Limits of Competence: Knowledge, Higher Education and Society*. Buckingham: Society for Research into Higher Education/Open University Press.
Barrès, M. (1925) *Scènes et Doctrines du Nationalisme*, Vol. 1. Paris: Librarie Plon.
Bauman, Z. (1987) *Legislators and Interpreters: On Modernity, Postmodernity, and the Intellectual*. Cambridge: Polity.
Beck, U. (1992) *Risk Society: Towards a New Modernity*. London: Sage.
Bell, D. (1966) *The Reforming of General Education: The Columbia College Experience in its National Setting*. New York: Columbia University Press.
Bell, D. (1976) *The Coming of Post-Industrial Society: A Venture in Social Forecasting*. Harmondsworth: Penguin. First published in 1973.
Bering, D. (1978) *Die Intellektuellen: Geschichte eines Schimpfwortes*. Stuttgart: Ernst Klett Verlag.
Bernstein, B. (1975) *Class, Codes and Control: Vol. 3, Towards a Theory of Educational Transmissions*. London: Routledge & Kegan Paul.

Blair, T. (1996) *New Britain: My Vision of a Young Country* (ed. Ian Hargreaves). London: Fourth Estate.
Bloom, A. (1987) *The Closing of the American Mind: How Higher Education Has Failed Democracy and Impoverished the Souls of Today's Students.* New York: Simon & Schuster.
Bok, D. (1982) *Beyond the Ivory Tower: Social Responsibilities of the Modern University.* Cambridge, MA: Harvard University Press.
Bonney, N. (1996) 'The Careers of University Graduates: The Classes of 1960 and 1985'. Paper presented to the conference on 'Dilemmas of Mass Higher Education', Staffordshire University, 10–12 April.
Bourdieu, P. and Passeron, J.-C. (1964) *The Inheritors: French Students and Their Relation to Culture.* Chicago: University of Chicago Press.
Bowles, S. and Gintis, H. (1976) *Schooling in Capitalist America.* London: Routledge.
Boyer, E.L. (1987) *College: The Undergraduate Experience in America.* The Carnegie Foundation for the Advancement of Teaching. New York: Harper & Row.
Brown, P. (1995) 'Cultural Capital and Social Exclusion: Some Observations on Recent Trends in Education, Employment and the Labour Market', *Work, Employment and Society,* 9, 29–51.
Brown, P. and Lauder, H. (1992) 'Education, Economy and Society: An Introduction to a New Agenda'. In P. Brown and H. Lauder (eds) *Education for Economic Survival: From Fordism to Post-Fordism.* London: Routledge.
Brown, P. and Scase, R. (1994) *Higher Education and Corporate Realities: Class, Culture and the Decline of Graduate Careers.* London: UCL Press.
Buchbinder, H. (1993) 'The Market Oriented University and the Changing Role of Knowledge', *Higher Education,* 26, 331–47.
Callender, C. and Kempson, E. (1996) *Student Finances: A Survey of Student Income and Expenditure.* London: Policy Studies Institute.
Carnevale, A. and Porro, J. (1994) *Quality Education: School Reform for the New American Economy.* Washington, DC: US Department of Education.
Carswell, J. (1985) *Government and Universities in Britain – 1960–80.* Cambridge: Cambridge University Press.
Carter, I. (1990) *Ancient Cultures of Conceit: British University Fiction in the Post-War Years.* London: Routledge.
Caul, B. (1993) *Value-Added: The Personal Development of Students in Higher Education.* Belfast: December Publications.
Clark, B. (1983) *The Higher Education System: Academic Organisation in Cross-National Perspective.* Berkeley: University of California Press.
Cockett, R. (1994) *Thinking the Unthinkable.* London: HarperCollins.
Cohen, P. (1995) 'Thinking Globally, Acting Locally'. In *For a Multicultural University,* Working Paper 3, December. London: The New Ethnicities Unit, University of East London.
Committee on Higher Education (1963) *Higher Education,* Cmnd. 2154 (Robbins Report). London: HMSO.
Confederation of British Industry (CBI) (1994) *Thinking Ahead: Ensuring the Expansion of Higher Education into the 21st Century.* London: CBI.
Crompton, R. and Sanderson, K. (1990) *Gendered Jobs and Social Change.* London: Unwin Hyman.
Culler, J. (1988) *Framing the Sign: Criticism and its Institutions.* Norman: University of Oaklahoma Press.
Curtius, E.R. (1990) 'Sociology and its Limits'. In V. Meja and N. Stehr (eds), *Knowledge and Politics: The Sociology of Knowledge Dispute.* New York: Routledge.

Davie, G. (1961) *The Democratic Intellect*. Edinburgh: Edinburgh University Press.
Davie, G. (1986) *The Crisis of the Democratic Intellect*. Edinburgh: Polygon.
Davies, I. (1993) 'Cultural Theory in Britain: Narrative and Episteme', *Theory, Culture and Society*, 10(3).
Debray, R. (1979) *Le Pouvoir Intellectuel en France*. Paris: Ramsay.
Derrida, J. (1986) *Margins of Philosophy* (trans. Alan Bass). Chicago: University of Chicago Press.
Dominelli, L. and Hoogvelt, A. (1996) 'Globalisation, Contract Government and the Taylorisation of Intellectual Labour in Academia', *Studies in Political Economy*, 49 (Spring).
Drozdowicz, Z. (1995) *Excellentia Universitas*. Poznań: Humaniora.
Eagleton, T. (1994) 'Discourse and Discos', *The Times Literary Supplement*, 15 June.
Eley, G. (1992) 'Nations, Public, and Political Cultures'. In C. Calhoun (ed.), *Habermas and the Public Sphere*. Cambridge, MA: MIT Press.
Eliot, T.S. (1948) *Notes Towards the Definition of Culture*. London: Faber and Faber.
Eyerman, R. (1994) *Between Culture and Politics: Intellectuals in Modern Society*. Cambridge: Polity Press.
Featherstone, M., Lash, S. and Robertson, R. (1995) *Global Modernities*. London: Sage.
Fraser, N. (1992), 'Rethinking the Public Sphere'. In C. Calhoun (ed.) *Habermas and the Public Sphere*. Cambridge, MA: MIT Press.
Freeman, C. and Perez, C. (1988) 'Structural Crises of Adjustment, Business Cycles and Investment Behaviour'. In G. Dosi, C. Freeman, R. Nelson, G. Silverberg and L. Soete (eds) *Technical Change and Economic Theory*. London: Pinter.
Fromm, E. (1962), 'Personality and the Market Place'. In S. Nosow and W. Form (eds), *Man, Work and Society*. New York: Basic Books.
Gerth, H. and Mills, C.W. (1958) *From Max Weber: Essays in Sociology*. New York: Oxford University Press.
Gibbons, M., Limoges, C., Nowotny, H., Schwartzman, S., Scott, P. and Trow, M. (1994), *The New Production of Knowledge: The Dynamics of Science and Research in Contemporary Societies*. London: Sage.
Gibbs, G. (ed.) (1996) *Using Research to Improve Student Learning*. Oxford: Oxford Centre for Staff Development.
Gibbs, G., Lucas, L. and Webster, F. (forthcoming) 'Class Size, Assessment and Student Performance in Sociology in a British University: 1984–94', *Teaching Sociology*.
Goffee, R. and Scase, R. (1989) *Reluctant Managers: Their Work and Life Styles*. London: Routledge.
Gorz, A. (1982) *Farewell to the Working Class: An Essay on Post-Industrial Socialism* (translated by Michael Sonenscher). Pluto Press. First published in 1980.
Gorz, A. (1985) *Paths to Paradise: On the Liberation from Work*, translated by Malcolm Imrie. Pluto Press. First published in 1983.
Gramsci, A. (1971) *Selections from the Prison Notebooks* (ed. and trans. Q. Hoare and G.N. Smith). London: Lawrence and Wishart.
Hague, Sir Douglas (1991) *Beyond Universities: A New Republic of the Intellect*. London: Institute of Economic Affairs.
Hague, Sir Douglas (1996) 'Knowledge Goes Out to Market', *Times Higher Education Supplement*, 24 May, p. 12.
Hall, S. (1980) 'Cultural Studies and the Centre: Some Problematics and Problems'. In Stuart Hall, D. Hobson, A. Lowe and P. Willis (eds), *Culture, Media, Language: Working Papers in Cultural Studies*. London: Hutchinson, pp. 15–47.

Halsey, A.H. (1992) *Decline of Donnish Dominion: The British Academic Professions in the Twentieth Century*. Oxford: Clarendon Press.
Handy, C. (1989) *The Age of Unreason*. London: Hutchinson.
Hebdige, D. (1988) *Hiding in the Light: On Images and Things*. London: Comedia.
Higher Education Quality Council (HEQC) (1996a) *Inter-Institutional Variability of Degree Results: An Analysis in Selected Areas*. London: HEQC.
Higher Education Quality Council (HEQC) (1996b) *Academic Standards in the Approval, Review and Classification of Degrees*. London: HEQC.
Hirsch, E.D. (1987) *Cultural Literacy: What Every American Should Know*. Boston: Houghton Mifflin.
Hirsch, F. (1977) *The Social Limits to Growth*. London: Routledge & Kegan Paul.
Hoeges, D. (1994) *Kontroverse am Abgrund: Ernst Robert Curtius und Karl Mannheim*. Frankfurt: Fischer.
hooks, b. (1995) *Killing Rage: Ending Racism*. New York: Henry Holt.
Hughes, R. (1993) *Culture of Complaint: The Fraying of America*. New York: Oxford University Press.
Innis, H. (1951) *The Bias of Communication*. Toronto: University of Toronto Press.
Jacoby, H. (1973) *The Bureaucratization of the World*. Berkeley: California University Press.
Jenkins, R. (1985) 'Black Workers in the Labour Market: The Price of Recession'. In B. Roberts, R. Finnigan and D. Gallie (eds), *New Approaches to Economic Life*. Manchester: Manchester University Press.
Judt, T. (1992) *Past Imperfect: French Intellectuals, 1944–1956*. Berkeley: University of California Press.
Kanter, R. (1989) *When Giants Learn to Dance*. New York: Simon and Schuster.
Kerr, C. (1963) *The Uses of the University*. Cambridge, MA: Harvard University Press.
Kumar, K. (1997) 'Home: The Promise and Predicament of Private Life at the End of the Twentieth Century'. In Jeff Weintraub and Krishan Kumar (eds), *Private and Public in Thought and Practice*. Chicago: University of Chicago Press.
Laurillard, D. (1993) *Rethinking University Teaching*. London: Routledge.
Leavis, F.R. (1948) *Education and the University: A Sketch for an 'English School'* (new and enlarged edition). London: Chatto and Windus.
Leavis, F.R. (1969) *English Literature in Our Time and the University*. London: Chatto and Windus.
Lucas, L. and Webster, F. (1997) 'Maintaining Standards: A Case Study'. In D. Jary and M. Parker (eds), *Dilemmas of Mass Higher Education*. Staffordshire University Press. Shortened version published in Webster (1996).
Lyotard, J.-F. (1984a) *The Postmodern Condition*. Manchester: Manchester University Press.
Lyotard, J.-F. (1984b) *Tombeau de l'Intellectuel et Autres Papiers*. Paris: Editions Galilée.
Lyotard, J.-F. (1993) *Political Writings* (trans. Bill Readings and Kevin Paul Geiman). London: UCL Press.
Mannheim, K. (1940) *Man and Society: In the Age of Reconstruction*. London: Kegan Paul.
Mannheim, K. (1985) *Ideology and Utopia* (trans. L. Wirth and E. Shils). San Diego, CA: Harcourt Brace Jovanovich.
Marquand, O. (1987) *Apologie des Zufälligen*. Stuttgart: Phillip Reclam.
McLeish, J. (1991) *Number*. New York: Fawcett Columbine.
Melody, W.H. (1990a) 'Communication Policy in the Global Information Economy: Whither the Public Interest?'. In Marjorie Ferguson (ed.), *Public Communication: The New Imperatives*. London: Sage.

Melody, W.H. (1990b) 'The Information in IT: Where Lies the Public Interest?', *Intermedia*, 18(3).
Merton, R. (1967) *Social Theory and Social Structure*. New York: Free Press.
Meyerson, M. (1975) 'After a Decade of the Levelers in Higher Education: Reinforcing Quality While Maintaining Mass Education', *Daedalus: Journal of the American Academy of Arts and Sciences*, 104(1).
Minogue, K.R. (1973) *The Concept of a University*. London: Weidenfeld & Nicolson.
Moberly, Sir Walter (1949) *The Crisis in the University*. London: SCM Press.
Mulhern, F. (1979) *The Moment of Scrutiny*. London: New Left Books.
Newman, J.H. (1987) *The Idea of a University, Defined and Illustrated* (ed. Daniel M. O'Connell). Chicago: Loyola University Press. First published in 1853.
Nisbet, R.A. (1996) *The Degradation of the Academic Dogma* (2nd edition). New York: Transaction Publishers. First published in 1972.
Nowotny, H. (1994) *Time: The Modern and Postmodern Experience*. Cambridge: Polity Press.
Office of Science and Technology (1995) *Technology Foresight 14: Leisure and Learning*. London: HMSO.
Ontario Council on University Affairs (1994) *Undergraduate Teaching, Research and Consulting/Community Service: What are the Functional Interactions? A Literature Survey*. Toronto: Task Force on Resource Allocation.
Parsons, T. and Platt, G.M. (1973) *The American University*. Cambridge, MA: Harvard University Press.
Pascarella, E. and Terenzini, P.T. (1991) *How College Affects Students: Findings and Insights from Twenty Years of Research*. San Francisco: Jossey-Bass.
Peters, T.J. and Waterman, R.H. (1982) *In Search of Excellence*. New York: Harper & Row.
Phillips, M. (1996) *All Must Have Prizes*. London: Little Brown.
Purcell, K. and Pitcher, J. (1996) *Great Expectations: The New Diversity of Graduate Skills and Aspirations*. Manchester: Careers Services Unit.
Rabinbach, A. (1983) *The Crisis of Austrian Socialism: From Red Vienna to Civil War, 1927–1934*. Chicago: University of Chicago Press.
Readings, B. (1996) *The University in Ruins*. Cambridge, MA: Harvard University Press.
Reich, W. (1976) *People in Trouble*, Vol. 2 (trans. P. Schmitz). New York: Farrar, Straus and Giroux.
Ribeiro, A. (1995) 'Von einem Fin de Siècle zum nächsten', *Mittelweg* (Zeitschrift des Hamburger Instituts für Sozialforschung), 36, 10–12.
Ritzer, G. (1996) 'Fighting Fire with Fire: (Mostly) Rational Responses to the Rationalization Crisis in Higher Education'. Paper presented to the conference on 'Dilemmas of Mass Higher Education', Staffordshire University, 10–12 April.
Robbins, B. (ed.) (1993) *The Phantom Public Sphere*. Minneapolis: University of Minnesota Press.
Rose, N. (1989) *Governing the Soul: The Shaping of the Private Self*. London: Routledge.
Ross, A. (1989) *No Respect: Intellectuals and Popular Culture*. New York: Routledge.
Rothblatt, S. (1996) 'Road to Lonely Learning', *Times Higher Education Supplement*, 2 August, p. 14.
Ryan, A. (1996) 'Propagate a New Ivy Variety', *Times Higher Education Supplement*, 29 November, p. 12.
Said, E. (1994) *Representations of the Intellectual*. London: Vintage.
Sanderson, M. (1972) *The Universities and British Industry, 1850–1970*. London: Routledge & Kegan Paul.

Scase, R. (1992) *Class: An Introduction.* Buckingham: Open University Press.
Scase, R. and Goffee, R. (1995) *Corporate Realities: The Dynamics of Large and Small Organisations.* London: Routledge.
Scott, P. (1984) *The Crisis of the University.* London: Croom Helm.
Scott, P. (1995) *The Meanings of Mass Higher Education.* Buckingham: Society for Research into Higher Education/Open University Press.
Shils, E. (1965) 'Charisma, Order and Status', *American Sociological Review*, 30, 199–213.
Smith, A. (1989) 'The Public Interest', *Intermedia*, 17(2), 10–24. Reprinted in Anthony Smith (1993) *Books to Bytes: Knowledge and Information in the Postmodern Era.* London: British Film Institute, Chapter 4.
Smith, D., Scott, P. and Lynch, J. (1995) *The Role of Marketing in the University and College Sector.* Leeds: Higher Education Information Services Trust (HEIST) Publications.
Smith, V. (1989) *Managing in the Corporate Interest.* Berkeley: University of California Press.
Sokal, A.D. (1996a) 'Transgressing the Boundaries: Toward a Transformative Hermeneutics of Quantum Gravity', *Social Text*, 46–7.
Sokal, A.D. (1996b) 'A Physicist Experiments with Cultural Studies', *Lingua Franca*, May–June, 62–4.
Sokal, A.D. (1996c) 'Postmodern Gravity Deconstructed, Slyly', *New York Times*, 18 May, p. A-1.
Speier, H. (1990) 'Sociology or Ideology?' [1930]. In V. Meja and N. Stehr (eds), *Knowledge and Politics: The Sociology of Knowledge Dispute.* New York: Routledge.
Spivak, G.C. (1993) *Outside in the Teaching Machine.* New York: Routledge.
Sykes, C.J. (1988) *Profscam: Professors and the Demise of Higher Education.* Washington, DC: Regnery Gateway.
Thompson, E.P. (1970) 'The Business University'. In E.P. Thompson, *Writing by Candlelight.* London: Merlin, pp. 13–27.
Trow, M. (1970) 'Reflections on the Transition from Elite to Mass Higher Education', *Daedalus: Journal of the American Academy of Arts and Sciences*, 90(1), 1–42.
Trow, M. (1973) *Problems in the Transition from Elite to Mass Higher Education.* Berkeley, CA: Carnegie Commission on Higher Education.
Vogt, J. (1993) 'Have the Intellectuals Failed? On the Sociological Claims and the Influence of Literary Intellectuals in West Germany', *New German Critique*, 58, 3–24.
Voltaire (1972) 'Lettres'. In *Philosophical Dictionary* (ed. T. Besterman). New York: Penguin.
Wagner, L. (1995) 'Change and Continuity in Higher Education'. Inaugural lecture, Leeds Metropolitan University.
Walden, G. (1996) *We Should Know Better: Solving the Education Crisis.* London: Fourth Estate.
Wall, I.M. (1994) 'From Anti-Americanism to Francophobia: The Saga of French and American Intellectuals', *French Historical Studies*, 18, 1083–1100.
Wallas, G. (1934) *Social Judgment.* London: George Allen & Unwin.
Walzer, M. (1987) *Interpretation and Social Criticism.* Cambridge, MA: Harvard University Press.
Walzer, M. (1988) *The Company of Critics: Social Criticism and Political Commitment in the Twentieth Century.* New York: Basic Books.
Warner, M. (1993) 'The Mass Public and the Mass Subject'. In Bruce Robbins (ed.), *The Phantom Public Sphere.* Minneapolis: University of Minnesota Press.

Waterman, R., Waterman, J. and Collard, B. (1994) 'Toward a Career-Resilient Workforce', *Harvard Business Review*, 72(4), 87–95.
Watson, D. (1996) *The Limits of Diversity*. Keynote paper presented to the conference on the 'The Dilemmas of Mass Higher Education', Staffordshire University, 10–12 April.
Watts, A.G. (1996) *Careerquake*. London: Demos.
Weber, M. (1948) *From Max Weber: Essays in Sociology*. (ed. and trans. H.H. Gerth and C. Wright Mills). London: Routledge & Kegan Paul.
Webster, F. (1996) 'Art of Course Assessment', *The Times Higher Education Supplement*, 24 May, p. 13.
Whitehead, A.N. (1964) *Science and the Modern World*. New York: Mentor Books.
Whyte, W.H. (1965) *The Organization Man*. Harmondsworth: Penguin.
Wiener, M. (1981) *English Culture and the Decline of the Industrial Spirit, 1850–1980*. Cambridge: Cambridge University Press.
Wilensky, H. (1960) 'Work, Careers, and Social Integration', *International Social Science Journal*, 12, 543–60.
Wittfogel, K. (1990) 'Knowledge and Society' [1931]. In V. Meja and N. Stehr (eds), *Knowledge and Politics: The Sociology of Knowledge Dispute*. New York: Routledge.

译 后 记

　　受到作者们精妙、雄辩思想的吸引，我接受了本书的翻译工作。我认为，翻译是最好的外文文献的阅读方式。但事实证明，这也是一种"效率低下"的阅读——查阅背景知识、探究语法结构、确定专业术语、统一不同作者的语言风格……这一切工作都需要按部就班、循环往复地做。翻译结束后，还要不停地担心读者是否能看明白。从这一角度看，翻译工作一点也没有本书多次论及的"后现代主义"的味道。

　　本书最初的译稿由厦门大学的赵叶珠教授及其研究生杨嫒、郑桂珠提供。之后，我和华东师范大学高等教育研究所的两位研究生唐德忠、李明一起，重新翻译了全部章节。最后由我对全书进行了校订。北京大学出版社的郭莉编辑对完善译稿提出了很多有益的建议，在此表示感谢。

　　因译者学识所限，本书翻译一定存在诸多不足或不当之处，恳请读者指正。

侯定凯

好书分享

大学之道丛书

大学之用
教师的道与德
高等教育何以为高
哈佛大学通识教育红皮书
哈佛，谁说了算
营利性大学的崛起
学术部落与学术领地
高等教育的未来
知识社会中的大学
教育的终结
美国高等教育通史
后现代大学来临？
学术资本主义
德国古典大学观及其对中国的影响
美国大学之魂（第二版）
大学理念重审
大学的理念
现代大学及其图新
美国文理学院的兴衰
大学的逻辑（第三版）
废墟中的大学
美国如何培养硕士研究生
美国高等教育史（第二版）
麻省理工学院如何追求卓越
美国高等教育质量认证与评估
高等教育理念
印度理工学院的精英们
21 世纪的大学
美国公立大学的未来
美国现代大学的崛起
公司文化中的大学
大学与市场的悖论
高等教育市场化的底线
美国大学时代的学术自由
理性捍卫大学
美国的大学治理
世界一流大学的管理之道（增订本）

21 世纪高校教师职业发展读本

如何成为卓越的大学教师（第二版）
如何提高学生学习质量
学术界的生存智慧（第二版）
给研究生导师的建议（第二版）
给大学新教员的建议（第二版）
教授是怎样炼成的

学术规范与研究方法丛书

如何进行跨学科研究
如何查找文献（第二版）
如何撰写与发表社会科学论文：国际刊物指南
如何利用互联网做研究
社会科学研究方法 100 问
社会科学研究的基本规则（第四版）
参加国际学术会议必须要做的那些事
——给华人作者的特别忠告
如何成为学术论文写作高手
——针对华人作者的 18 周技能强化训练
给研究生的学术建议（第一版）
生命科学论文写作指南
如何撰写和发表科技论文（第六版）
法律实证研究方法（第二版）
传播学定性研究方法（第二版）
学位论文写作与学术规范
如何写好科研项目申请书
如何为学术刊物撰稿（影印第二版）
如何成为优秀的研究生（影印版）
教育研究方法：实用指南（第六版）
高等教育研究：进展与方法
做好社会研究的 10 个关键

科学元典丛书

天体运行论 〔波兰〕哥白尼
关于托勒密和哥白尼两大世界体系的对话
　〔意〕伽利略
心血运动论 〔英〕威廉·哈维
薛定谔讲演录 〔奥地利〕薛定谔
自然哲学之数学原理 〔英〕牛顿
牛顿光学 〔英〕牛顿
惠更斯光论（附《惠更斯评传》）〔荷兰〕惠更斯
怀疑的化学家 〔英〕波义耳
化学哲学新体系 〔英〕道尔顿
控制论 〔美〕维纳
海陆的起源 〔德〕魏格纳
物种起源（增订版）〔英〕达尔文
热的解析理论 〔法〕傅立叶
化学基础论 〔法〕拉瓦锡
笛卡儿几何 〔法〕笛卡儿
狭义与广义相对论浅说 〔美〕爱因斯坦
人类在自然界的位置（全译本）〔英〕赫胥黎
基因论 〔美〕摩尔根
进化论与伦理学（全译本）（附《天演论》）
　〔英〕赫胥黎
从存在到演化 〔比利时〕普里戈金
地质学原理 〔英〕莱伊尔
人类的由来及性选择 〔英〕达尔文
希尔伯特几何基础 〔俄〕希尔伯特
人类和动物的表情 〔英〕达尔文
条件反射：动物高级神经活动 〔俄〕巴甫洛夫
电磁通论 〔英〕麦克斯韦
居里夫人文选 〔法〕玛丽·居里
计算机与人脑 〔美〕冯·诺伊曼
人有人的用处：控制论与社会 〔美〕维纳
李比希文选 〔德〕李比希
世界的和谐 〔德〕开普勒
遗传学经典文选 〔奥地利〕孟德尔 等

德布罗意文选 〔法〕德布罗意
行为主义 〔美〕华生
人类与动物心理学讲义 〔德〕冯特
心理学原理 〔美〕詹姆斯
大脑两半球机能讲义 〔俄〕巴甫洛夫
相对论的意义 〔美〕爱因斯坦
关于两门新科学的对谈 〔意大利〕伽利略
玻尔讲演录 〔丹麦〕玻尔
动物和植物在家养下的变异 〔英〕达尔文
攀援植物的运动和习性 〔英〕达尔文
食虫植物 〔英〕达尔文
宇宙发展史概论 〔德〕康德
兰科植物的受精 〔英〕达尔文
星云世界 〔美〕哈勃
费米讲演录 〔美〕费米
宇宙体系 〔英〕牛顿
对称 〔德〕外尔
植物的运动本领 〔英〕达尔文
博弈论与经济行为（60周年纪念版） 〔美〕冯•诺伊曼
生命是什么（附《我的世界观》） 〔奥地利〕薛定谔

跟着名家读经典丛书

先秦文学名作欣赏 吴小如等著
两汉文学名作欣赏 王运熙等著
魏晋南北朝文学名作欣赏 施蛰存等著
隋唐五代文学名作欣赏 叶嘉莹等著
宋元文学名作欣赏 袁行霈等著
明清文学名作欣赏 梁归智等著
中国现当代诗歌名作欣赏 谢冕等著
中国现当代小说名作欣赏 陈思和等著
中国现当代散文戏剧名作欣赏 余光中等著
外国诗歌名作欣赏 飞白等著
外国小说名作欣赏 萧乾等著
外国散文戏剧名作欣赏 方平等著

博物文库

无痕山林
大地的窗口
探险途上的情书
风吹草木动
亚马逊河上的非凡之旅
大卫•爱登堡的天堂鸟故事
蘑菇博物馆
贝壳博物馆
甲虫博物馆
蛙类博物馆
兰花博物馆
飞鸟记
奥杜邦手绘鸟类高清大图
日益寂静的大自然
垃圾魔法书
世界上最老最老的生命
村童野径
大自然小侦探

与大自然捉迷藏
鳞甲有灵
天堂飞鸟
寻芳天堂鸟
休伊森手绘蝶类图谱
布洛赫手绘鱼类图谱
自然界的艺术形态
雷杜德手绘花卉图谱
果色花香：圣伊莱尔手绘花果图志
玛蒂尔达手绘木本植物
手绘喜马拉雅植物

西方心理学名著译丛

记忆 〔德〕艾宾浩斯
格式塔心理学原理 〔美〕考夫卡
实验心理学（上、下册） 〔美〕伍德沃斯 等
思维与语言 〔俄〕维果茨基
儿童的人格形成及其培养 〔奥地利〕阿德勒
社会心理学导论 〔英〕麦独孤
系统心理学：绪论 〔美〕铁钦纳
幼儿的感觉与意志 〔德〕蒲莱尔
人类的学习 〔美〕桑代克
基础与应用心理学 〔德〕闵斯特伯格
荣格心理学七讲 〔美〕霍尔 等

其他图书

如何成为卓越的大学生 〔美〕贝恩
世界上最美最美的图书馆 〔法〕博塞 等
中国社会科学离科学有多远 乔晓春
国际政治学学科地图 陈岳 等
战略管理学科地图 金占明
文学理论学科地图 王先霈
大学章程（1—5卷） 张国有
道德机器：如何让机器人明辨是非 〔美〕瓦拉赫 等
科学的旅程（珍藏版） 〔美〕斯潘根贝格 等
科学与中国（套装） 白春礼 等
彩绘唐诗画谱 （明）黄凤池
彩绘宋词画谱 （明）汪氏
如何临摹历代名家山水画 刘松岩
芥子园画谱临摹技法 刘松岩
南画十六家技法详解 刘松岩
明清文人山水画小品临习步骤详解 刘松岩
我读天下无字书 丁学良
教育究竟是什么？ 〔英〕帕尔默 等
教育，让人成为人 杨自伍
透视澳大利亚教育 耿华
游戏的人——文化的游戏要素研究 〔荷兰〕赫伊津哈
中世纪的衰落 〔荷兰〕赫伊津哈
苏格拉底之道 〔美〕格罗斯
全球化时代的大学通识教育 黄俊杰
美国大学的通识教育 黄坤锦
大学与学术 韩水法
国立西南联合大学校史（修订版） 西南联合大学北京校友会
发展中国家的高等教育 〔美〕查普曼 等